ISBN 978-0-267-90933-9
PIBN 10587110

For support please visit www.forgottenbooks.com

# katholischen Zustände

in

# Baden

mit

steter Rücksicht auf die im Jahre 1841 zu Regensburg
erschienene Schrift unter gleichem Titel.

Von

## Dr. C. F. Nebenius,

Staatsrath und ehemaligem Präsidenten des Großherzoglich Badischen
Ministeriums des Innern.

Carlsruhe,
Chr. Fr. Müller'sche Hofbuchhandlung.
1842.

# Vorwort.

In den folgenden Blättern habe ich die Beleuchtung der, auf dem Titelblatte angezeigten, aus einer Regensburger Presse hervorgegangenen Brochüre unternommen, nicht weil deren Inhalt unter andern auch meine Person berührt, sondern ohnerachtet dieses Umstandes.

Von dem, mit unsern kirchlichen Verhältnissen genau unterrichteten Theile des inländischen Publicums wurde jene Schrift, sogleich nach ihrem Erscheinen, nach ihrem wahren Werthe gewürdigt. Gar Manches, was sie enthält, ist im Lande auch allgemein ganz anders bekannt, als sie es erzählt. Dagegen findet man in ihr eine Reihe von Behauptungen, welche sich auf weniger bekannte Verhältnisse beziehen, und bei der Zuversicht, womit sie ausgesprochen wurden, und bei der Beschaffenheit ihres Inhalts geeignet erscheinen, in so ferne sie Glauben fänden, einen sehr ungünstigen Eindruck auf die Gemüther der Landeseinwohner hervorzubringen. Noch weit leichter könnte die Meinung des Auslandes über unsere Zustände durch eine Schrift

irre geführt werden, die durch eine Reihe aus den Archiven ge-
zogener Urkunden den Schein der historischen Treue sich zu geben
wußte.

Man kann nur billigen, daß die Regierung die freie, öffentliche Besprechung des Inhalts jener Schrift nicht durch eine Be-
schlagnahme zu hindern suchte. Ohnehin hätte eine solche Maßregel, bei der Beflissenheit, womit, wohl nur in Erwartung derselben,
plötzlich eine große Anzahl Exemplare im Lande verbreitet worden
war, voraussichtlich ihren wesentlichen Zweck nicht mehr zu erreichen vermocht.

Ich konnte meinem Wunsche, durch eine Widerlegung jener
Schrift zur Erhaltung des Friedens im Lande, nach dem geringen
Maße meiner Kräfte, beizutragen, nicht widerstehen, — einem
Wunsche, der stärker war, als mein Widerwillen gegen jede Polemik, und eben so stark, als die Empfindungen, welche in mir,
wie in so vielen Andern, die Gereiztheit der deutschen Blätter in
Besprechung kirchlicher Angelegenheiten, während einer, erst kurz
verflossenen Periode drohender politischer Bewegung erregte,
da wir an ganz andere Dinge zu denken gemahnt wurden.
Wer wurde nicht in jener Zeit oft genug an den dogmatischen
Hader der Byzantiner des fünfzehnten Jahrhunderts erinnert, die
im Augenblicke noch, als der Feind der Christenheit ihre Mauern
bereits zu brechen begann, von ihren kirchlichen Händeln nicht
abließen?

Die beleuchtete Schrift erwartete von den klügern Gegnern
eine vornehme Abfertigung, indem sie voraussetzte, daß sie
Weiteres dem Trosse ihrer Anhänger überlassen würden. Ohnerachtet vielleicht der stärkste Vorwurf, welcher meiner Arbeit wenigstens
von gar Manchen gemacht werden möchte, gerade entgegengesetzter
Art sein dürfte, so möchten mich die Beschwerdeführer doch wohl
nur zu den Unklugen zählen. Allerdings mag es für Jeden,
der in seinem Gemüthe leicht aufzureizen ist, nicht klug sein, in

einen Streit sich einzulassen, in welchem die Gegner ihre Pfeile aus der Dunkelheit absenden. Ich folgte dem Rufe meiner innern Stimme, und gebe der Leidenschaftlichkeit der Parteien meine Person willig preis. Ueberhaupt wenig empfindlich gegen persönliche Angriffe, fühle ich mich in meinem Bewußtsein stark genug, selbst Verunglimpfungen gleichgültig hinzunehmen, zumal wenn ihren Effect die Anonymität der Urheber in den Augen aller Wohldenkenden von selbst vernichtet. Welcher Art auch sein mag, was etwa mit Rücksicht auf die gegenwärtige Schrift dem Publicum mitgetheilt werden sollte, ich werde schwerlich darauf eine Antwort ertheilen. Würden die Beschwerdeführer ihre Drohung, was sie noch mehr wissen, als sie gesagt, zu veröffentlichen, wirklich ausführen, so mögen Andere alsdann die Feder ergreifen, wenn es je noch nöthig sein sollte. Giebt es, was ich nicht glaube, gegen die katholische Kirche wirklich verübte Unbilden zu berichten, so könnte ich nur wünschen, daß in solchem Falle Abhülfe erfolge; diese dürfte aber wohl Keiner, der mit Kirche und Staat es redlich meint, auf dem Wege suchen, den die Beschwerdeführer eingeschlagen.

Ich kenne die Mängel meiner Arbeit; wie in der Regel jede schnell entstandene, ist sie ausführlicher geworden, als sie sein sollte, was insbesondere von der Einleitung und dem ersten Abschnitte gilt.

Von einem Leser der Aushängebogen ist mir gegen die Stelle, S. 83. Z. 13 bis 14: „und es nur eine höchste Macht geben kann," die Erinnerung zugekommen: „daß die Katholiken diesen Satz, in seiner Allgemeinheit auf den Staat angewendet, nicht anzuerkennen vermöchten." Es scheint mir, wie auch mehre andere (katholische) Leser es gefunden, daß schon aus dem Zusammenhange der kurzen Darstellung des Verhältnisses des Staats zur Kirche hervorgehe, wie hier nur von jener äußern Macht die Rede sei, die man auch der Kirche gegenüber als die höchste an=

erkennen muß, wenn man anders das placetum regium oder überhaupt das Schutz- und Aufsichtsrecht des Staats in dem Sinne
meiner Bemerkungen über die angefochtenen Bestimmungen der
landesherrlichen Verordnung vom 30. Januar 1830 (S. 4. 5. 18.),
S. 89 — 94 dieser Schrift, nicht unbedingt verwerfen will. Einem
Satze, der mit der Unabhängigkeit der Kirche in ihrer innern
Sphäre nicht vereinbarlich wäre, müßten übrigens die Protestanten auf gleiche Weise, wie die Katholiken, widersprechen.

Carlsruhe im November 1841.

## Fr. Nebenius.

# Inhalt.

## Berichtigungen.

S. 12. Z. 6 von unten lese man Statt Christen: Geister. —
S. 38. Z. 14 von unten l. m. Statt Gesinnungen: Gesinnung. — S. 54.
Z. 13 von oben l. m. Statt 10: 11. — S. 59. Z. 11 von unten setze man
nach „verloren" ein Comma. — S. 74. Z. 9 von oben l. m. Statt urtheile:
urtheilte. — S. 75. Z. 11 von unten streiche man nach „Deutungen" das
Comma. — S. 96. Z. 15 von unten l. m. Statt Beginnen: Beginne. —
S. 115. Z. 9 von oben l. m. Statt ihnen: ihr. — S. 118. Z. 7 von unten
l. m. Statt gehabte: gehabten. — S. 132. Z. 2 von unten l. m. Statt
enthaltenden: erhaltenden.

# Einleitung.

———

Die jüngsthin erschienene Schrift: Katholische Zustände in Baden, stellt im Namen der Katholiken des Landes eine Reihe von Beschwerden gegen die Staatsregierung auf. Hört man von Beschwerden, welche in einem Lande, dessen Bevölkerung verschiedenen Confessionen angehört, die eine Religionspartei erhebt, zu der sich der Regent nicht bekennt, so ist man leicht geneigt, hauptsächlich an Klagen über wirkliche oder vermeintliche Bedrückung des einen Theils zum ungerechten Vortheil des andern zu denken. Wer mit diesem Gedanken die Schrift zur Hand nimmt, wird nur bei wenigen der darin vorgebrachten zahlreichen Beschwerden seine Erwartung nicht getäuscht sehen.

Im Ueberblick des Inhalts der Schrift finden wir größtentheils nur solche Anklagen, welche, wenn man sie näher betrachtet, zunächst Angehörige der katholischen Confession belasten, nnd, wenn sie die Regierung ebenfalls berühren, dieselbe doch nicht als mit der Gesammtheit der Katholiken in Zerwürfniß stehend darstellen, sondern sie vielmehr in der Mitte der verschiedenen Kreise erblicken lassen, welche unter der katholischen Bevölkerung die Verschiedenheit der Ansichten über manche Interessen, Rechte und Bedürfnisse ihrer Kirche bildet. In solcher Stellung muß die Regierung häufig dem

1

einen oder andern Kreise mißfällig werden, während ihre Handlungen sich in keiner Weise auf das Verhältniß der beiden Religionsparteien und auch auf das Verhältniß des Staates zur Kirche oft viel weniger, als auf verschiedenartige Bestrebungen im eigenen Schooße der katholischen Kirche beziehen. Wir machen diese Bemerkung nicht, um damit jede Beschwerde der bezeichneten Art von vorneherein abzuweisen, sondern nur um anzudeuten, daß der Verfasser der vorliegenden Schrift jedenfalls in Beziehung auf den bei Weitem größten Theil derselben (wenn nicht, wie wir überzeugt sind, in Beziehung auf ihren ganzen Inhalt), sich mit Unrecht als den Wortführer des Landes darstellt. Er beruft sich in der Vorrede zwar auf die langen Beobachtungen und die Erfahrung vieler Männer, allein diese Vielen können der ganzen katholischen Bevölkerung gegenüber eine gar kleine Anzahl seyn. Wer unsere katholischen Zustände nur oberflächlich kennt, wird in der That nicht einen Augenblick im Zweifel darüber bleiben, wie enge der Kreis gezogen ist, welchem der Verfasser und die Gleichgesinnten, mit denen er zu Rathe gesessen, angehören. Sie bilden eine bekannte Partei, die nicht nur der Regierung sich feindlich gegenüberstellt, sondern auch eine ungebührliche Censur des Verhaltens der Geistlichkeit bis zum Erzbischof herauf, so wie aller ihrer Glaubensgenossen sich anmaßt, die in irgend einer Stellung mit der Kirchenbehörde in amtliche Berührung kommen, oder sich über kirchliche Fragen öffentlich aussprechen. Diese heilige Schaar, welche die Mission, den Staat und die Kirche zu überwachen, sich selbst gegeben, und wohl nicht ohne Verbindung nach Außen hin ist, erbittert die ruhige Zufriedenheit der ganzen übrigen Bevölkerung des Landes, die eine solche Bevormundung abweist, mit Liebe an der Regierung hängt, und dankbar anerkennt, mit welcher Treue und Sorgfalt sie ihre Pflichten gegen die katholische Kirche und ihre Angehörigen in allen Beziehungen erfüllt. Die Classe von Katholiken, in deren Namen der Verfasser hauptsächlich seine Stimme erhebt, und denen er am Schlusse seiner Schrift tröstende Worte zuspricht, ist wohl nur in seiner Einbildung vorhanden. Gegenüber den Katholiken, welche das Unglück hatten, durch die Welt und ihren zerstörenden Wechsel zu Neuerungen fortgerissen zu werden, bezeichnet er sie als Solche, welche darum, weil sie festhalten an ihrer Kirche, „von der Welt verstoßen sind und die Kränkungen des Hohns und der Veschämung mit stillem Kummer dulden, nicht geeignet, den wortreichen Hochmuth der Absprecher in seiner Nichtigkeit bloß zu stellen." Wo finden wir im Lande die Katholiken, welche sich von der Welt verstoßen fühlen, die Kränkungen des Hohnes und der Beschämung geduldig hinnehmen, weder den Muth besitzen noch Worte finden, um dem „wortreichen Hochmuth" ihrer Unterdrücker entgegen zu treten, und welche den Trost und die Beruhigung bedürfen, den ihnen der Ausruf verheißt: „ihr Kummer wird Worte, ihre Duldung Sprache bekommen." Ja, wir haben so wenig, wie der Verfasser der Flugschrift, aus der Mitte der zahlreichen Katholiken des Landes, die mit Treue an ihrer Religion und ihrer Kirche festhalten, je Stimmen vernommen, die auf eine Uebereinstimmung mit seinen Ansichten hindeuten, wohl aber schon unzählige, welche die Richtung, die in seiner Schrift sich kund gibt, entschieden mißbilligen. In dem tröstlichen Zuruf des Verfassers liegt entweder eine Verhöhnung seiner eigenen Glaubensgenossen, wenn sie an die eminente Mehrheit, die noch kein Zeichen ihrer Unzufriedenheit gegeben hat, gerichtet wäre, oder das Bekenntniß der numerischen Schwäche der Partei, welcher er seine Hülfe anbietet. Nur das Lezte ist erlaubt anzunehmen. Denn wohl kann eine kleine Zahl, beim besten Bewußtsein ihres Rechts, der Menge gegenüber sich Schweigen auferlegen, nicht aber die Mehrzahl eines kräftigen mannhaften Volkes. So klein indessen die Zahl der Katholiken sein mag, deren Ansichten und Gesinnungen der Verfasser der Flugschrift vertritt, so würden deßhalb die aufgestellten Beschwerden, wären sie wirklich gegründet, nicht das Mindeste an ihrem Gewichte verlieren, denn der Staat ist schuldig, die katholische Kirche im anerkannten Sinne und Geiste ihrer Institutionen und ihres ganzen Wesens zu schützen, ihre Interessen, so viel an ihm liegt, zu fördern, und daher, so weit er in kirchlichen Dingen einschreiten darf und soll, dem Wahren und Rechten, ohne Rücksicht auf die größere Zahl der Gleichgültigen, Widerstrebenden und Andersdenkenden seinen mächtigen Arm zu leihen. Und stünde der anonyme Verfasser im Augenblick ganz allein mit seinen Ansichten und Meinungen, so dürfte eine so laute eindringliche Stimme, die sich auf zahlreiche urkundlich belegte Thatsachen stützt, und für die heiligsten Interessen sich erhebt, nicht unbeachtet bleiben. Bewahrte er vielleicht sorgfältiger, als irgend ein anderer, das heilige Feuer, und bedurfte es vielleicht nur der Fackel, die seine Hand daran ent-

4

zündete, und in heller Flamme leuchtend emporhebt, um gar Viele Manches anders sehen und beurtheilen zu lassen, als sie es unter dem Scheine eines falschen Lichtes sahen und beurtheilten? Wir gestehen, daß wir nach Durchlesung der Schrift nicht an eine solche Wirkung glauben konnten; aber dessen ohnerachtet schien es uns, daß ihr Inhalt eine nähere Beleuchtung verdiene. Sie wird sie ohne Zweifel von verschiedenen Seiten finden. Wir wollen einen Beitrag hiezu liefern, indem wir Alles, was sie zur Begründung ihrer Anklagen gegen die Großherzogliche Regierung mittheilt, nach der Ordnung ihrer Abschnitte einer ruhigen Prüfung zu unterwerfen gedenken. Ehe wir aber zu den einzelnen Abschnitten und dem Mancherlei der darin vorgebrachten Beschuldigungen uns wenden, haben wir kurz zu berühren, was der Verfasser in der Vorrede über seine Absichten und Zwecke sagt.

Daß ihm, obwohl seine Schrift von Bitterkeit, Feindseligkeit und gehässigen Insinuationen überströmet, dennoch eine lebendige Ueberzeugung, die er sich gebildet, ein glühender Eifer für die Sache der Kirche, die Feder in die Hand gegeben, wollen wir nicht bezweifeln. Ein lebendige Ueberzeugung ruht aber nicht immer auf ruhiger besonnener Erwägung und ein glühender Eifer kann gar wohl auch ein blinder sein; und wenn der Verfasser sich frei weiß von der Absicht, Aufsehen und Lärmen zu machen, und den Frieden des Landes zu stören, so ist eine andere Frage, ob ihn nicht der Vorwurf treffe, aus verschuldetem Irrthum und in unüberlegtem Eifer, in argwöhnischen Gesinnungen und befangen in Vorurtheilen, genug gesagt zu haben, um die Wirkung, die er nicht wollte, dennoch hervorzubringen. Wahrlich, wenn die vorliegende Schrift die Gemüther der Katholiken in ihrem tiefsten Grunde gegen einander, gegen die Regierung und zugleich auch gegen den andern Religionstheil nicht gewaltig aufregt, so liegt es nicht an der Darstellung des Verfassers, sondern in der bessern Einsicht, welche gehässigen Insinuationen ihr Recht widerfahren läßt. Der Verfasser will nicht aufregen, aber auf der einen Seite gießt er über eine Reihe seiner Glaubensgenossen, die er persönlich angreift, die Schaale seiner Erbitterung aus, und stellt die Altgläubigen, die fest halten an ihrer Kirche, dar, als preisgegeben dem Hohn und beschämender Kränkung. Er will nicht aufregen, aber er beschuldigt die Regierung ohne allen Grund, daß sie die Katholiken in ihren heiligsten Rechten zur Sclaverei herabdrücke, mißhandle und zurücksetze. Er

will nicht aufregen, aber er sucht das System der Unterdrückung als
ein seit lange her bestehendes und überliefertes darzustellen, indem
er sich auf die Autorität eines großen Mannes beruft, dessen, im
Zustande der Befangenheit und aufgereizter Leidenschaft erhobene furchtbare Anklage er mittheilt, während er Alles verschweigt, was die Nichtigkeit jener Anklage aufs Klarste darthut, und lehrt, wie die citirte Autorität sich selbst als getäuscht erkennen mußte und erkannt hat. Er will nicht
aufregen, aber er sucht die Meinungsverschiedenheiten, die sich im Verkehre der Staatsbehörde mit der Kirchenbehörde ergaben, auch wenn
sie in die Classe jener gehören, die von jeher auch im tiefsten Frieden zwischen Staat und Kirche vorkommen, überall auf eine Weise
zu denten, welche die Regierung als der Kirche feindlich gesinnt
darstellt. Er will nicht aufregen, bezeichnet aber jede Handlung der
Regierung, die nicht vollständig den Forderungen der Kirchenbehörde
oder auch nur seiner individuellen Ansicht entsprach, als ungebührliche Bedrückung. Wo die Regierung nicht unbedingt sich dem
Willen der Kirchengewalt unterwirft, erblickt er überall nur eine
Verletzung der heiligsten Rechte der Katholiken, und mindestens ein
Uebelwollen. Den Vorwurf des Druckes oder der Rechtsverletzung,
der aus Handlungen ihrer Beamten gegen sie hergeleitet wird, soll sie
selbst alsdann noch als wohlverdient hinnehmen, wenn sie diese Handlungen mißbilligt, die Ueberschreitung der Vollmacht anerkannt und gerügt hat,
und die Sache zur vollen Zufriedenheit der Kirche erledigt wurde. Fast
keine der zahlreichen Concessionen und Maaßregeln, wodurch die
Regierung ihr lebhaftes Interesse für das Wohl der Kirche zu erkennen gegeben, ist ihm zureichend; für keine ihrer, selbst vom
Oberhaupt der katholischen Kirche auf die freundlichste Weise anerkannten Bemühungen zum Besten der Landeskirche hat er Worte des
Dankes.

Die Beleuchtung der einzelnen Abschnitte der Schrift wird uns
Gelegenheit geben, nicht nur manche Thatsachen zu berichtigen, oder
zu ergänzen, sondern auch die Einseitigkeit, in welcher der Beschwerdeführer in Beurtheilung derselben befangen erscheint, ins Klare
zu stellen. Einige allgemeine Bemerkungen über einen Theil, und
vielleicht den wichtigsten Theil dieser Beschwerden, mögen aber hier
ihre Stelle finden.

Neben dem Vielerlei der erhobenen Anklagen leuchtet aus dem
ganzen Inhalt der Schrift der allgemeine Vorwurf hervor, daß die

Großherzogliche Regierung der Kirchenhoheit eine ungebührliche, die Rechte der katholischen Kirche kränkende Ausdehnung gebe, und der Kirche weder die gebührende Unterstützung, noch die selbstständige Macht gewähre, um ungeeignete Bestrebungen niederzuhalten.

Wenn man eine Regierung unbefugter Eingriffe in die Rechte der Kirche, einer wirklichen Ueberschreitung der Grenzen ihrer hoheitlichen Gewalt beschuldigt, so muß man sich auf die positiven Normen stützen, die für das Verhältniß des Staates zur Kirche, in Verträgen, Gesetzen und in dem Herkommen gegeben sind. Das Herkommen ist in einem Verhältnisse, das im Laufe der Zeit die mannigfachsten Veränderungen erlitten hat, eine unverwerfliche Rechtsquelle. Wollte man diese in den kirchlichen Verhältnissen, wie die Flugschrift fast überall thut, verwerfen oder ignoriren, wäre es erlaubt, dem Herkömmlichen, noch Lebensfrischen seine Geltung abzusprechen, weil es mit längstverschollenen Normen, die irgend einmal gesetzlich bestanden, nicht übereinstimmt, so würde man jeden Rechtsboden verlieren. Leicht dürfte man sich gewaltig täuschen, wenn man auf diesem Wege die wahren Interessen der Kirche fördern zu können vermeinte. Der eine greift, um, was er will, zu begründen, um ein Menschenalter, der andere um zwei, drei Jahrhunderte, und wieder andere führen uns in die ersten Zeiten der Kirche zurück, und es gibt fast keine Ansicht, welche aus dem reichen Arsenal der Vergangenheit sich nicht die Waffen zum Kampfe hervor holen könnte. Wer aber den rechtlich bestehenden Zustand nicht dem Verhältniß der Kirche zum Staat, wie es, nach seinen Ansichten sein sollte, entsprechend findet, kann zwar jenen Zustand für mangelhaft erklären, die Regierung etwa des Irrthums, der Unnachgiebigkeit bezüchtigen, sie aber nicht der Rechtsverletzung und des Druckes anklagen. Er mag seine Doctrin verkünden und darnach streben, ihr Geltung zu verschaffen.

Die Regierung kann in einem solchen Streben, es mag sich auf dem Felde wissenschaftlicher Forschung oder in Sollicitationen, die sich unmittelbar an sie wenden, kund geben, so weit es nicht von aufregenden Schritten und gehässigen Beschuldigungen begleitet ist, keine Feindseligkeit erblicken. Sie wird nicht verlangen, daß die Kirche den alten Rahmen ihrer Ansprüche gänzlich aus der Hand lege, Allem verlorenen feierlich entsage; sie darf aber erwarten, daß man auch ihre Stellung begreife, und einsehe, wie beide Theile von ihrem verschiedenen Standpunkte aus, zwar ihr wechselseitiges

Verhältniß verschieden beurtheilen, aber dennoch sich aufrichtig lieben und ihre wesentliche Zwecke wechselseitig zu fördern, mit Treue und Sorgfalt bemüht sein können.

Der Staat besitzt seine Rechte, um Pflichten zu erfüllen, und wenn es sich darum handelt, sie zu beschränken, so muß er sich fragen, ob er dadurch nicht, nach irgend einer Seite hin, die wohlthätige Wirksamkeit seines Schutz = und Aufsichtsrechtes schwäche. Bei Controversen, die in diesem Gebiete sich erheben, stehen fast nie nur das Recht und das Interesse des Staats und der Kirchengewalt oder eines ihrer Zweige, sondern zugleich die Rechte und Interessen Derer, auf welche die Entscheidung wirkt, in Frage. Aus den verschiedenen Ordnungen, welche die Verfassung und das Leben der Kirche darstellt, wird man aber bisweilen auf die nämliche Frage gar verschiedene Antworten vernehmen, eine andere von Seite der römischen Curie, eine andere aus dem Munde hoher Würdeträger der Landeskirchen, und oft gar sehr von einander abweichende aus der Mitte des Clerus und der Layen. Auch darf man nicht vergessen, daß wenn ein Streben nach Neuerungen, wozu auch die Rückkehr zu dem Alten, dessen Aufkommen und Wiederabkommen die Geschichte erzählt, ohne Zweifel gehört, sich von einer Seite her, in irgend einer Beziehung offenbart, schnell der Gegensatz zum Vorschein kommt, und Bestrebungen, die von anderer Seite her und in ganz anderen Beziehungen auf Neuerungen gerichtet sind, eine Nahrung erhalten, welche sie kühner macht, Conflicte herbeizuführen, die leicht für Staat und Kirche gleich bedauerlich werden können. Wir sind so wenig besorgt, daß die Katholiken des Landes, eine kleine Anzahl abgerechnet, der Großherzoglichen Regierung ein Festhalten der Gesetze und Uebungen, welche das Verhältniß des Staats zur Kirche bestimmen, zum Vorwurfe machen, daß wir vielmehr zahlreiche Stimmen der Regierung zurechtweisend zurufen hören: „Seht die Folgen eurer Concessionen; es gibt unter uns eine Partei, die Ihr nie befriedigt, deren Muth und Eifer durch jede neue Bewilligung zum Weiterstreben angefeuert wird, und die nicht früher ruht, bis die Kirche ihre alte Herrschaft in dem ganzen Umfang ihrer glänzendsten Periode wieder gewonnen." Die Stimme dieser Partei hat für uns keinen größern Werth, als die Stimme, die wir in der vorliegenden Schrift vernommen, aber sie lehrt, daß es in diesen Verhältnissen, wie in allen, Extreme

und eine rechte Mitte gibt, in welcher die Stimme des Rechts der
Weisheit und Mäßigung nicht überhört wird.

Wie in den Klagen über ungebührliche Eingriffe in die Rechte der
Kirche und widerrechtliche Schmälerung ihrer Gewalt, so erkennt man
die Parteistimme auch in Allem, was die Flugschrift sagt, um die Beschuldigung zu begründen, daß die Regierung der Kirche die ihr gebührende Unterstützung nicht gewähre. Sie klagt, daß nicht eine Art
Ostracismus geübt werde, welcher Männer, die der Kirchenbehörde
mißfällig geworden, sobald sie nur als solche bezeichnet werden, ohne
weiters von ihren Stellen entfernt. Sie klagt die Regierung an,
wenn sie, wo es sich um die wichtigsten im Streite liegenden, die
Interessen der katholischen Landeskirche berührenden Fragen handelt,
statt dem Willen der Kirchengewalt sogleich zu weichen, die mindeste Rücksicht auf die, demselben entgegenstehenden Wünsche der
eminenten Mehrheit der katholischen Bevölkerung des Landes nimmt.
Sie macht ihr in solchen Fällen Schritte zu ihrer Verwirk-
lichung zum Vorwurf, die, in so fern sie auch ihr letztes Ziel nicht
erreichten, oder selbst voraussichtlich nicht leicht erreichen konnten,
doch jedenfalls zur Erhaltung des Friedens, und zu der Beruhigung
führten, womit man sich einer, genährten Wünschen und Hoffnungen
widersprechenden Entscheidung, nach vergeblicher Erschöpfung aller
Mittel, sie abzuwenden, um so williger unterwirft. Eine Reihe
von Fällen, in welchen die Regierung den Ansinnen der Kirchenbehörde vollständig entsprach, bilden gleichwohl den Gegenstand
der schwersten Anklagen nur deshalb, weil die Staatsbehörde, welche
mit jenen Ansinnen im Conflicte gestandene hochwichtige Interessen,
die sie gleichfalls, wie namentlich das der Lehrfreiheit, zu schützen
berufen ist, mit zu erwägen hatte, nicht sogleich rücksichtslos, ohne
vorgängige Untersuchung und Prüfung einschritt.

Hätte sich die Regierung aber auch in der Ausübung ihres
Schutz- und Aufsichtsrechtes einzelne Mißgriffe zu Schulden kommen lassen, — und wer möchte behaupten, daß in den unzähligen
Berührungen mit der Kirche sie nicht ebenso, wie die Kirchenbehörden, bisweilen irrte    so frägt es sich vor Allem, ob sie
nicht Alles gethan hat, um sich so viel möglich vor Irrthum und
Fehlgriffen zu schützen. Wer die Mittel erwägt, die sie zu diesem Zwecke ergriffen hat, wird wenigstens, was er auch etwa zu
tadeln hat, der „protestantischen Regierung" nicht in einer Weise zu-

rechnen, die sie des Uebelwollens gegen den Katholicismus zu beschuldigen, berechtigt.

Man weiß, daß die Regierung zur Ausübung ihrer kirchen-
hoheitlichen Rechte schon im Jahre 1803 eine eigene Behörde be-
stellte, die zwar in ihrer Verfassung, aber nicht in wesentlichen Beziehungen ihrer Wirksamkeit verschiedene Veränderungen erlitt. Zu
dieser Behörde wurden stetshin ausschließlich nur Katholiken berufen. Sie zählte stets nicht nur weltliche, sondern auch geistliche
Mitglieder. Keine Entscheidung, Verfügung oder Anordnung in
kirchlichen Sachen erfolgt, die nicht von ihr ausgeht, oder über die
nicht ihre Ansichten und Anträge vernommen worden. Welcher
Schule gehörten aber die zahlreichen Mitglieder an, die in dieser
Behörde seit 1803 auf einander folgten? Unter welchen Regierungen haben sie ihre Erziehung, ihre Bildung erhalten? Ist es eine
„protestantische Regierung", die darauf mittelbar oder unmittelbar
Einfluß gehabt hat? Nein! Sie zählte mit wenigen Ausnahmen
nur solche weltliche, und wenn wir nicht irren, ohne Ausnahme
nur solche geistliche Mitglieder, welche die Jahre, in denen der
Jüngling zum Manne reift und seine Berufsbefähigung vollendet,
so wie die erste Zeit ihrer practischen Laufbahn in Ländern verleb-
ten, deren Regenten der katholischen Religion angehörten, oder die
selbst geistlicher Herrschaft unterworfen waren. Die Ansichten und
Grundsätze, welche sie geltend machten, brachten sie herüber, aus
einem Gebiete, das den Einflüssen einer „protestantischen Regierung"
ganz und gar fremd geblieben war. Würde sich aber von irgend
einem der geistlichen Räthe, die jener Stelle nach der Reihe angehörten, nachweisen lassen, daß er in seinen frühern Verhältnissen,
und ehe er in die katholische Kirchensection eintrat, von irgend einer
competenten Behörde der Irrlehre oder unkatholischer Richtung be-
züchtigt worden wäre, so würde der Verfasser der Beschwerdeschrift
solche Thatsache wohl aufgespürt, und in seiner Neigung zu persönlichen Angriffen gewiß nicht verschwiegen haben. Sollte er nicht
selbst fühlen, daß er in Einseitigkeit befangen sein könne, wenn er
eine Richtung verdammt, welcher alle, nach der Reihe in jene Behörde eingetretenen geistlichen und weltlichen Räthe gleichförmig
folgten, obwohl sie an verschiedenen katholischen Lehranstalten und
kirchlichen Instituten ihre Berufsbildung erhalten und fast durchgängig vor 1807 und größtentheils schon vor 1803 im Bereiche

von drei bis vier verschiedenen bischöflichen Sprengeln Kirchen-
oder, beziehungsweise, Staatsämter bekleidet hatten. Die Regierung aber, welche ohnerachtet ihrer Sorgfalt, den Katholiken des
Landes beruhigende Garantien für die umsichtige Wahrung ihrer
Interessen und für die Erhaltung des Friedens zwischen Staat
und Kirche und in der Kirche zu geben, den Zweck ihrer wohl-
gemeinten Einrichtung verfehlt sähe, müßte den Grund in Verhältnissen suchen, über die keine Regierung gebieten kann, da durch
gewaltsame Hemmung widerstreitender Bestrebungen und Richtungen
sich wohl der äußere Schein des Friedens, nicht aber die wahre
Versöhnung erzwingen läßt. Aber so schlimm steht es nicht. Zeigen sich ja oft Meinungsverschiedenheiten in der Mitte von Behörden, die von demselben Geiste beseelt sind, über Fragen, die weit
weniger Schwierigkeiten als in der Regel kirchliche Verhältnisse
darbieten. Brächte jeder Zwiespalt der Ansichten der Staats- und
Kirchenbehörden sie in eine feindselige Stellung, so wäre eine dauernde
Freundschaft zwischen beiden nicht möglich, und wäre jeder Kampf der
Meinungen im Schooße der Kirche von Umwälzungsversuchen un-
zertrennlich, so könnte nie von ihrer Beruhigung die Rede sein.

Der Friede zwischen Staat und Kirche und in der Kirche
ist in der That in keiner Weise gestört. Der Verfasser der Flugschrift konnte ihn nur als gestört betrachten, indem er Alles, was
im Laufe von 40 Jahren Stoff zu Controversen gab, in einem
Gemälde zusammen faßte, und was in keinem der verschiedenen
Zeitabschnitte, dem das Einzelne angehörte, einen beunruhigenden
Effect hervorbringen konnte, in seiner künstlichen Zusammenstellung
wie eine gleichzeitige Anhäufung des polemischen Stoffs auf sich
wirken ließ. Er konnte jenen Frieden nur gestört sehen, indem er
überdies mannigfaltige Thatsachen übersah, andere entstellte oder
irrig beurtheilte, und verschiedenen äußerlichen Verhältnissen der
Kirche, ohnmächtigen Parteibestrebungen und unerheblichen Neben-
dingen eine Wichtigkeit beilegte, die sie nicht haben. Wünschte er,
wie er versichert, aufrichtig Frieden und dauerhafte Beruhigung,
so konnte er seinen eigenen Wünschen nicht muthwilliger entgegen-
treten, als durch die Art und Weise, wie er eine Reihe von Fragen
öffentlich besprach und durch zahlreiche Persönlichkeiten, die nothwendig Erbitterung und ärgerliche Polemik herbeiführen. Wünscht
er, wie den Frieden zwischen Kirche und Staat und in der katho-

lischen Kirche, so auch den schönen Frieden zu erhalten, in welchem
Katholiken und Protestanten in unserm theuern Vaterlande neben
einander leben, so mußte er gar manche Stellen in seiner Schrift
ungeschrieben lassen. Er durfte wohl mit vollem Recht sagen, daß
seine Beschwerden nicht gegen die „protestantische Confession"
gerichtet seyen; er durfte auch mit Recht bemerken, daß verschiedene
seiner Beschwerden gemeinschaftliche Beschwerden beider Kirchen
seien, in so ferne man die Wortführer einzelner Parteien als Repräsentanten der Kirche gelten läßt. Dabei streut er aber gelegent-
lich des Samens der Zwietracht unter beiden Religionstheilen genug
aus, und ohne auf das Motto der Schrift einen Accent zu legen,
und ohne mancher anderer Andeutungen zu gedenken, möchten wir wissen, welchen andern Zweck, als jeden wahren Katholiken mit Unwillen
gegen die Protestanten zu erfüllen, die Beschwerdeschrift haben
konnte, wenn sie frägt: „Will der Protestantismus die Katholiken
des Landes protestantisiren? — Sind die Katholiken zu linkisch und
dumm?" — oder wenn sie den Katholiken mit dürren Worten sagt:
„den Protestanten ist in der Regel der Katholicismus ein längst
und gründlich abgeurtheilter Wahn, und es widerstrebt Vielen
derselben zu glauben, daß ein vernünftiger Mann katholisch
sein und bleiben könne." Wo sind die vielen Protestanten,
die auf solche Weise sich geäußert haben? Warum unterlegt man
ihnen Gesinnungen, die sie nicht haben? Warum leiht man diesen
Gesinnungen Worte, die sie nicht aussprechen dürften, ohne ihre
Mitchristen aufs tiefste zu verletzen? Es liegt in der Natur der
Sache, daß wer von sich Widersprechendem das Eine annimmt, zugleich das Andere verwirft. Dies thut der Katholik wie der Protestant in dem ganzen Gebiete der Unterscheidungslehren. Wer
weiß aber nicht, daß es im Schooße jeder Kirche verschiedene Richtungen, excentrische Gegensätze gibt, die sich einander weit schroffer
abstoßen, als beide Confessionen in ihrer Mehrheit einander gegen-
überstehen. Vielmehr findet die große Mehrheit, ohnerachtet ihres
treuen Festhaltens an den Unterscheidungslehren, in dem Gemeinsamen beider Bekenntnisse zureichenden Grund zu wechselseitigem
Vertrauen und gegenseitiger Achtung und Liebe. Beispiele arrrogan-
ter und liebloser Urtheile findet man wohl auf beiden Seiten. Sie
trifft der Tadel aller wahren Christen beider Confessionen.

Der Verfasser der Beschwerdeschrift verbindet mit jener gehässigen

Insinuation über die Gesinnung vieler Protestanten die Warnung vor der falschen Toleranz der Gleichgültigkeit. Liegt in jener Verbindung und in solcher Bezeichnung des gegenwärtigen innigen und freundlichen Verkehrs zwischen so vielen Katholiken und Protestanten nicht etwa ein verdeckter Aufruf zur schärfern Absonderung und zu erneuten und regern Glaubenskämpfen? Und wohin anders, als zu wechselseitiger Spannung kann es führen, wenn er seine Glaubensgenossen zu überreden sucht, es herrsche bei dem andern Confessionstheile ein Uebelwollen und Feindseligkeit gegen den Katholicismus.

Werden unter den Gleichgültigen in beiden Confessionen etwa gerade jene verstanden, welche in dem Gemeinsamen der beiden Bekenntnisse hinlänglichen Grund zur wechselseitigen Liebe und zur innigsten Verbrüderung finden? Wir wollen dies nich glauben; Aber statt einer Warnung vor falscher Toleranz, die jedenfalls leicht falsch verstanden werden dürfte, hätten wir lieber die Warnung vernommen, die jüngsthin ein würdiger katholischer Geistlicher seinen Glaubensgenossen, am Grabe eines tiefbetrauerten hohen Würdeträgers seiner Kirche, mit den Worten zurief:

„Vergiftet nicht die traurige Wunde, die seit drei Jahrhunderten durch das Herz eines jeden wahren Christen klafft, vergiftet sie nicht aufs Neue durch leidenschaftlichen Streit und geifernden Hader! — — Streuet nicht in dem Wahn sie zu heilen, den ätzenden Höllenstein des Fanatismus hinein, holet nicht aus der Rüstkammer der Vergangenheit die schartigen Waffen ergrimmter Polemik hervor, damit sie nicht noch einmal in euern Händen sich in blutige Mordwaffen verkehren, und in den Eingeweiden des Vaterlands wüthend, mit neuem dreißigjährigen Blutbade und Feuermeere Deutschland, Europa verwüsten. Nur im Frieden, in der Liebe ist Verständigung, Einigung, nur in der Einigung Heil. — Um diesen Frieden, um diese Einigung fleht ja täglich die katholische Kirche in ihren heiligsten Gebeten. Die edelsten Christen haben darnach gerungen, indem sie, von der gemeinsamen Grundlage des Christenthums ausgehend, durch friedliche Beseitigung der Mißverständnisse und Irrthümer den Riß zu heilen sich bemühten."

Ja auch so manche Protestanten erfreuten sich schon an dem Gedanken einer Einigung, auch die Protestanten glauben an die Verheißung, daß eine Zeit kommt, da nur ein Hirt und eine Heerde fein wird. Sie wird um so früher in Erfüllung gehen, je weniger man, was sich nicht machen läßt, sondern werden muß, nicht in offenem oder verdecktem Kampfe, sondern in wechselseitiger Liebe zu erstreben sucht, je mehr alle christliche Religionsparteien durch vervielfältigte Verbindungen und innigere Berührungen ihrer Angehörigen einander näher gebracht werden und je besser sie den Ausspruch Augustins verstehen und anwenden lernen; wir meinen den Grundsatz: in necessariis unitas, in dubiis libertas, in omnibus caritas — (Einheit im Nothwendigen, Freiheit im Zweifelhaften, Liebe in Allem).

Wir wenden uns nun zur Beleuchtung der einzelnen Abschnitte der Schrift, indem wir unter den Aufschriften ihrer Abtheilungen und Unterabtheilungen folgen lassen, was wir zur Abwehr der gegen die Großherzogliche Regierung in der Geschichtserzählung vorgebrachten Beschuldigungen und am Schlusse aufgestellten Beschwerden zu erwidern haben.

# Erste Periode.

Von dem Reichsdeputationsreceß bis zum Erlöschen der alten Bisthümer, vom 9. Mai 1803 bis 10. Februar 1817.

---

## 1.

### Die Secularisationen und ihr vorangegangene Bestrebungen.

Die Thatsachen und Zustände, die wir zur Lösung unserer Aufgabe zu besprechen haben, gehören einem, mit dem Jahre 1803 beginnendem Zeitraume von 38 Jahren an. Die Schrift, deren Widerlegung wir unternommen, geht aber in die letzten Decennien des vorigen Jahrhunderts zurück, um die spätern Vorgänge richtiger zu beurtheilen. Sie erwähnt zu solchem Zwecke Hontheims Buch über den Zustand der Kirche (1763), und des Emser Congresses, die von geistlicher Seite, so wie der Reformen Kaiser Josephs II., die von weltlicher Seite, nach ihrer Ansicht, die Secularisation vorbereitet. Sie äußert sich nicht näher über diese Reformen, berührt aber die Gründe, aus welchen sie die Bestrebungen des Emser Congresses verdammt. Sie schreibt die Secularisation der erregten Feindseligkeit gegen den Katholicismus und der Habgier nach Kirchengütern zu, welche den rechtlichen Sinn übertäubt habe, und bezeichnet ihre Folgen für die Kirche in dem Untergang des bisherigen Episcopats und der Klostergeistlichkeit, in der Verkümmerung des Unterrichts, der Seelsorge, und der Heranbildung junger

Geistlichen, sodann in der Entziehung der Mittel, diese Bedürfnisse in der Zukunft zu befriedigen.

Obwohl es unsere Absicht ist, hauptsächlich nur gegen die Großherzogliche Regierung gerichtete Angriffe zu beleuchten, und wir daher Aeußerungen, die keinen Bezug auf das Verhalten derselben haben, (gleichviel, ob wir ihnen unsere innere Zustimmung geben oder versagen müssen), in der Regel unberührt lassen, so scheint doch, zum bessern Verständnisse der Entwickelung, welche die kirchlichen Zustände in der Folge genommen, ein Rückblick auf die Zeit vor der Secularisation und der Auflösung des deutschen Reiches unerläßlich. Dabei bleiben wir weit entfernt, uns in eine Polemik über die verschiedenen Bestrebungen einzulassen, wir wollen sie und ihre Erfolge nur als Thatsachen in einer kurzen Uebersicht uns vergegenwärtigen, und zugleich die erste Probe von der Art und Weise geben, wie der Beschwerdeführer kirchliche Zustände anfaßt und beurtheilt.

Man weiß, welche Richtung die Entwickelung der kirchlichen Verhältnisse in den katholischen deutschen Ländern seit dem Tridentiner Concilium genommen hatte. Die Ausscheidung der Protestanten, welche die Opposition gegen die römische Curie, im Schooße der deutschen katholischen Kirche, geschwächt hatte oder gänzlich verschwinden ließ, mußte jene Entwickelung, die zur Befestigung früher bestrittener päbstlicher Rechte und deren allmähliger Erweiterung führte, nothwendig begünstigen. Der Meinungsstreit über das Verhältniß der weltlichen Macht zur Kirche und der bischöflichen Gewalt gegenüber dem Pabste, ein Streit, der wie ein verhängnißvoller Faden fast durch die ganze Geschichte der christlichen Zeit zieht, begann aber in der deutschen Kirche sich in der Mitte des vorigen Jahrhunderts wieder lebhafter zu erheben. Auf den Niederländer, Van Espen, der bereits dem sogenannten Episcopalsystem günstigere Ansichten zu äußern wagte, folgte der Triersche Weihbischoff von Hontheim, der bekanntlich unter dem angenommenen Namen Febronius (1763 und 65) dem bestehenden Zustande widersprechende Lehren aufstellte, und in einem großen Theil des katholischen Deutschlands, unter der Geistlichkeit wie in dem Kreise der Layen Anklang fand, insbesondere auch in Oestreich, wo eine Reihe von Schriftstellern (unter diesen Riegger noch unter der Kaiserin Maria Theresia) seiner Richtung mehr oder weniger folgten. Es

handelte sich in diesen literarischen Bestrebungen nicht um ganz
neue Lehren und Ansichten. Der Kampf gegen die falschen Isido-
rischen Decretalen war von altem Datum, und gar Vieles, was
die neue Schule lehrte, war nur ein Versuch näherer Begründung
und Entwickelung schon früher behaupteter Sätze. Diese wissenschaftlichen Untersuchungen durfte man auch nicht als die Ursache
von Bewegungen ganz neuer Art im Leben der Kirche und des
Staates betrachten. Sie belebten nur einen schlummernden Streit
und waren selbst theilweise durch praktische Bestrebungen hervorge-
rufen. Nicht unwahrscheinlich ist, daß Hontheim's Schrift durch die
Beschwerden der deutschen Kirche und insbesondere der Erzbischöfe
über die Beschränkung ihrer Metropolitanrechte gegen den römischen
Stuhl veranlaßt worden. Diese Beschwerden waren bei der Wahl-
capitulation von 1741 sehr ernsthaft, aber ohne Erfolg, zur Sprache
gekommen. Auch von dem lebhafter gewordenen Streben der Staatsgewalt, den Kreis ihrer Wirksamkeit der Kirche gegenüber zu er-
weitern, ließen sich kurz vor dem Erscheinen der Hontheimschen
Schrift, manche Zeichen, wie in Deutschland, so in andern Ländern
(die erheblichsten in der Republik Venedig) wahrnehmen. Die wichtigsten Ereignisse, welche die herrschend gewordene Richtung in der
letzten Periode vor Auflösung des deutschen Reichs charakterisiren,
waren ohne Zweifel der Emser Congreß (dem die Coblenzer Artikel
von 1769 vorangegangen waren) und die Reformen Josephs II.
Die geistlichen Churfürsten und der Erzbischof von Salzburg, welche
den Emser Congreß (1786) beschickten, stützten sich nun allerdings,
wie die vorliegende Schrift behauptet, auf die historischen Nachwei-
sungen Hontheims, wornach die Landesbischöfe in früherer Zeit eine
größere Gewalt hatten, welche allmählig durch das Primat der Kirche
beschränkt worden. Allein was soll man zu der Entdeckung sagen,
die der Beschwerdeführer veröffentlicht, indem er die Ursachen und
Gründe angibt, aus welchen die Bestrebungen jener Kirchenfürsten
erfolglos blieben und erfolglos hätten bleiben müssen. „Sie fanden" sagt er, „den Kaiser nicht so geneigt, ihre Ansprüche durchzusetzen, wie sie gehofft hatten." Weiter heißt es: „In der frühern Zeit der katholischen Kirche, wo das religiöse Leben allgemein
war, brauchte die Gewalt des päbstlichen Primats weniger hervor-
zutreten, weil die Bischöfe derselbe Glaubenseifer wie ihr Oberhaupt beseelte; mit der allmähligen Abnahme des kirchlichen Lebens

mußte aber der Primat, als die Kraft der erhaltenden Einheit sich stärker ausprägen. Die Rückforderung alter bischöflicher Rechte — war daher ein Zeitverstoß, denn das katholische Deutschland konnte sich damals nicht der tiefen Religiosität rühmen, die es allein möglich gemacht hätte, ohne Gefahr für die Kircheneinheit größere Rechte auf die Bischöfe zu übertragen." Nur wenige Worte zur Beleuchtung dieser Aeußerungen. Der Kaiser hatte, dies ist eine bekannte Thatsache, das Eintreten in Berathungen (1785) schon vor ihrem Beginn gebilligt, und als ihm (1786) die daraus hervorgegangene Punctation vorgelegt wurde, sein Wohlgefallen über den Eifer der Erzbischöfe bezengt, aber beigefügt, daß die Zustandebringung des Entwurfes und des davon zu erwartenden Nutzens von dem vorläufigen Einverständniß der Erzbischöfe mit dem Exemten sowohl, als mit ihren Suffraganbischöfen und jenen Reichsständen abhänge, in deren Lande sich die bischöflichen Sprengel erstreckten. Der Widerspruch gegen die erhobenen Forderungen stützte sich von keiner Seite her auf die gesunkene Religiosität im Allgemeinen und des erlahmten Glaubenseifers der Bischöfe insbesondere. Ein solches Compliment blieb der römische Stuhl weit entfernt den deutschen Bischöfen zu machen. Noch weniger konnten die dissentirenden Bischöfe gemeint sein, ihren Widerspruch durch eine Selbstanklage zu begründen. Es handelte sich um wirkliche oder vermeintliche Rechtsansprüche, denn auch die hierarchische Ordnung hat einen Rechtszustand, und Rechtsforderungen kann man nicht mit solchen vagen Behauptungen abfertigen. Abgesehen von bestrittenen positiven Normen, konnte Rom auf das Herkommen sich stützen, auf den damaligen Besitzstand, der sich im Laufe der Zeit gebildet. Die Bestrebungen der Erzbischöfe scheiterten, weil die Bedingungen, die der Kaiser gestellt hatte, nicht erfüllt wurden. Obwohl die Urheber der Punctation betheuerten, daß es ihnen bloß um die Herstellung der gemeinsamen bischöflichen Gerechtsame zu thun sei, so lag für die Suffraganbischöfe zumal, da man sich nicht gleich anfänglich mit ihnen benommen hatte, doch die Besorgniß ganz nahe, daß die Erzbischöfe, die um Wiedereinsetzung in ihre ursprünglichen Metropolitanrechte gebeten hatten, die neue Ordnung zu deren Erweiterung beuntzen könnten. Die päbstliche Warnung: Facile artes, quas illi (metropolitae) spectant, agnoscimus, ut nimirum super alios dominentur, blieb nicht unbeherzigt. Die Aussicht, an die Stelle des

Einflusses des weit entlegenen römischen Stuhles auf ihre Diöcese, die erweiterte Wirksamkeit eines ganz nahen Obern treten zu sehen, hatte für sie, so wie für die weltlichen Reichsstände, deren Gebiete die erzbischöflichen Sprengel umfaßten, keinen sonderlichen Reiz.*)

Die Ereignisse der Zeit haben eine Reihe von Ansprüchen der deutschen Kirche, für welche sich die Erzbischöfe erhoben hatten, antiquirt, aber die Reformen, welche in dieser Periode die weltliche Macht theilweise von gleichen Grundansichten geleitet, durchsetzte, sind in den gegenwärtigen kirchlichen Zuständen noch im Leben. So wie die Kirche, was sie baut, in der Regel nur langsam baut, ihre Ziele in allmähliger sorgsamer Entwickelung zu erreichen sucht, und, was sie einmal erlangt, mit unerschütterlicher Consequenz stets festhält, so sind die Veränderungen, welche die weltliche Macht in den Zuständen der Kirche bewirkt, in der Regel durch Bedürfnisse herbeigeführt, deren Befriedigung die Gegenwart dringend verlangt. Schreitet nämlich bei dem mehr stationären Zustande der kirchlichen Verhältnisse die Entwickelung des bürgerlichen und intellectuellen Lebens rascher vorwärts, bilden sich neue Verhältnisse und Zustände, mit welchen die überlieferten kirchlichen Einrichtungen und Grundsätze, so angemessen sie auch frühern Zuständen gewesen sein mögen, nicht mehr in Einklang stehen; so sucht der Staat die in allmähliger Entwickelung entstandenen Dissonanzen und Mißverhältnisse durch unmittelbar zum Ziele führende Maßregeln zu heben.

Die Reformen Josephs II. haben weithin ihre Wirkung geäußert. Sie waren aber nicht der Anfang eines kräftigern Einschreitens der Staatsgewalt, sondern nur ein rascheres Zuführen des bereits Begonnenen zu seinem Ziele, hauptsächlich in den Jahren 1780 — 82. Schon Maria Theresia hatte durch ihre Verordnungen über Recurse und Dispensen und über eine Reihe anderer Fragen, sowie durch Beschränkung der geistlichen Strafgewalt und durch den Gebrauch, den sie von dem königlichen Placet machte, bereits die Bahn betreten, welche Joseph II. nur weit entschiedener verfolgte, nicht ohne den Vorwurf eines allzuraschen, und bisweilen

---

*) So hatte es der Churfürst Carl Theodor von der Pfalz lieber mit dem päbstlichen Nuntius als mit einem Erzbischof zu thun, der sein Mitreichsstand war.

in der Form zu herben Verfahrens hervorzurufen, auch nicht ohne in einzelnen Fällen (nich in der noch bestehenden Gesezgebung) die Schranken zu überschreiten, die sonst der Kirche gegenüber beachtet werden. Die Josephinische Gesetzgebung war mit dem Zustande, den sie unmittelbar oder mittelbar als Impuls zu gleichen Einschreitungen begründete, zur Zeit, da die Secularisation eintrat, eine, seit 20 Jahren, und so weit sie zum Theile nur schon früher begonnene Reformen bestätigte, seit einem Menschenalter vollendete Thatsache.

So tief auch die Secularisation in die kirchlichen Zustände Deutschlands eingriff, so ließ sie das Verhältniß der einzelnen Staaten zur Kirche im Wesentlichen und Allgemeinen unberührt. Ob sie aber die Interessen der Kirche in der Weise, wie der Beschwerdeführer annimmt, wirklich verlezte, ob insbesondere die kirchlichen Zwecke durch die Art und Weise, wie die Secularisation im Großherzogthum Baden vollzogen ward, benachtheiligt wurden, wollen wir sogleich in dem folgenden Abschnitte untersuchen. In jeder anderen Beziehung ist unserer Aufgabe die Würdigung dieser Katastrophe fremd; aber wenn wir sie zu würdigen hätten, so würden wir sie nicht unter dem Gesichtspunct einer Feindseligkeit gegen die katholische Kirche, sondern unter dem der unwiderstehlichen Gewalt des reißenden Stroms bekannter Ereignisse, — eines Conflicts des Rechts mit dem Gesetze der Noth — und, wenn wir alle Katastrophen, welche den gegenwärtigen Zustand herbeiführten, nach ihrem lezten Resultat würdigen wollten, — unter dem Gesichtspunct der nationalen Kraftentwickelung, als eines unabweißlich gewordenen Bedürfnisses der Selbsterhaltung, betrachten.

<hr />

## 2.
### Die Einrichtung des katholischen Kirchenwesens durch die Regierung

Den bereits berührten, hier näher zu beleuchtenden Klagen über den nachtheiligen Einfluß, welchen die Secularisation auf den Zustand der katholischen Kirche und der Schule geäußert haben soll, läßt der Beschwerdeführer unter diesem Abschnitte eine Darstellung der ersten Einrichtungen folgen, welche die Regierung nach

2 *

erlangtem Besitz der Entschädigungslande, und nach den, bei Auflösung des deutschen Reiches eingetretenen Veränderungen getroffen hat. Wir lassen die Uebersicht, welche die Schrift von dem Inhalt der Organisationsedicte vom 11. Februar 1803 (über Religionsübung), vom 14. Februar 1803 (über die Stifter und Klöster) und des Constitutionsedicts vom 14. Mai 1807 (über die kirchliche Staatsverfassung) giebt, bei Seite liegen, und wollen von ihren Aeußerungen nur diejenigen berühren, welche einen Tadel über getroffene Bestimmungen oder unterlassene Vorkehrungen aussprechen, jedoch nicht unbemerkt lassen, was zur richtigen Beurtheilung des Benehmens der Regierung billig hätte erwähnt werden sollen.

Zuvörderst werfen wir aber einen Blick auf die verschiedene Bestandtheile des Landes, in welchen gegenwärtig 852,824 Katholiken, und neben und unter ihnen 401,845 Protestanten wohnen. In den altbaden-durlachischen Landen, in den Herrschaften Lichtenau, Lahr, in dem Löwensteinischen, im Amte Hornberg, und in einem Theile der ritterschaftlichen Gebiete, findet man die ungemischten evangelischen Orte. Die Durlachischen Stammlande bildeten aber drei, weit von einander entlegene Gebiete, welche ebenso, wie die erworbenen kleinern evangelischen Landestheile, von katholischen Gebieten umgeben und theilweise durchschnitten waren. In den ehemals pfälzischen Landestheilen, in der Herrschaft Mahlberg, einigen andern kleinen Gebieten und in einer Reihe von Städten, insbesondere den größern, findet man die gemischten, im Baden-Badischen, in der Ortenau, dem Breisgau, dem Fürstenthum Fürstenberg, in den erworbenen ehemaligen Reichsstädten und in den Territorien der secularisirten Klöster und Stifter die ungemischt katholischen (politischen) Gemeinden, und zwar diese letzten nur in den obern Gegenden in Gebieten von größerm Umfang, abwärts aber in kleinern von evangelischen oder gemischten Gebieten umgebenen Bezirken. Rechnet man der Gesammtheit der gemischten Orte jene ungemischten beider Confessionen hinzu, die sich einander so nahe liegen, daß einzelnen Einwohnern, die sich nicht zur Ortsreligion bekennen, ihre Religionsübung und der Beistand der Geistlichen ihres Glaubens in keiner Weise erschwert erscheint; so findet man, daß wohl zwei Drittheile der Gesammtbevölkerung des Großherzogthums aus Gemeinden beider Kirchen bestehet, die in einer solchen nahen Berührung sich befinden, oder in derselben politischen Gemeinde vereinigt sind.

Dieser Umstand ist für die Beurtheilung der kirchlichen Zustände des Großherzogthums von hoher Bedeutung, in gar manchen Beziehungen, insbesondere auch in Beziehung auf die Wichtigkeit der Frage von den gemischten Ehen; und mit Recht könnte man den badischen Staat im Ganzen eine gemischte Ehe zwischen Katholiken und Protestanten nennen. Möchte der Segen des Himmels ihr zu zu keiner Zeit fehlen!

Von Bedeutung ist auch der weitere Umstand, daß schon vor der Secularisation und vor der Erhebung des Landes zum Churfürstenthum, unter badischer Herrschaft, drei unter dem Gesichtspunct des Religionszustandes verschiedene Landestheile vereinigt waren, wovon der eine, die Durlachischen Stammlande, eine ungemischt evangelische, der andere, die Markgrafschaft Baden-Baden, eine ungemischt katholische, und der dritte, die ehemalige Baden-Badische Herrschaft Mahlberg, eine gemischte Bevölkerung hatte. Wer die Geschichte des Landes nicht kennt, dürfte leicht zu einer irrigen Meinung über diese Verhältnisse durch die vorliegende Schrift geführt werden, deren Verfasser, nachdem er von dem großen Zuwachs gesprochen, den der badische Staat durch die Secularisation erhalten hat*), unmittelbar beifügt: „nebst dem wurden andere katholische Landstriche mit Baden vereinigt, wie die altbadische Markgrafschaft, Ortenau, Breisgau, Nellenburg u. s. f."

Schon seit dem Jahre 1772 (Oct. 1771) waren die Baden-Badische Lande mit den übrigen Stammlanden vereinigt, und hatte sich das Verhältniß der Regierung zu der katholischen Kirche in den katho-

---

*) Bekanntlich wurden dem Churfürsten Carl Friedrich die im Jahr 1803 acquirirten Länder nicht allein als Entschädigung für erlittene Verluste, sondern auch in Anerkennung seiner Tugenden, (à cause de ses vertus) zugeschieden. Was Carl Friedrich während seiner (schon damals fast 60 jährigen Regierung) zur Verbesserung des gesellschaftlichen Zustandes, in den mannigfaltigsten Beziehungen, in seinem eigenen Lande und durch sein vorleuchtendes Beispiel, in den weitesten Kreisen gewirkt hatte, war eine notorische Thatsache. Jener feierliche Act der Dankbarkeit der europäischen Mächte ehrte den edlen Fürsten und sein Haus für alle Zeit, aber er ehrte auch die Kabinette, welche dann für Motive einer höhern Ordnung, als die, welche die gewöhnliche Politik kennt, sich empfänglich zeigten. Giebt es einen achtbarern, heiligern Titel des Landerwerbs, als einen solchen Ausspruch der europäischen Staatengesellschaft?

lischen und gemischten Landestheilen auf eine den damaligen Um=
ständen angemessene Weise entwickelt. Der Regierung fehlte es da=
her nicht an der gründlichen Kenntniß der katholisch=kirchlichen Ver=
hältnisse, als die Secularisation eintrat, bei deren Vollzug so wie
bei den Anordnungen, die sie in kirchlichen Beziehungen traf, sie
sich von der Gerechtigkeit und Billigkeit leiten ließ. Sie wendete
die Bestimmungen des Reichsdeputationsschlusses über die Susten=
tationen der geistlichen Regenten und aller Angehörigen der aufge=
hobenen Stifter und Klöster mit Gewissenhaftigkeit und in liberalem
Geiste an. Wenn sie, was die Beschwerde rügt, das Kloster Frauen=
alb nicht mit der Aufhebung verschonte, so hat das Aufhebungsedict
die Gründe dieses Entschlusses selbst angegeben. Man wird sie gelten
lassen, wenn man erwägt, was die Beschwerdeschrift übersieht, daß
nach dem Reichsdeputationsrecesse jede Aufnahme von Novitzen un=
bedingt von dem Landesherrlichen Willen abhieng, und, wenn die
Regierung keine zureichende Gründe zur Bewilligung neuer Aufnah=
men hatte, die getroffene Maaßregel daher dem eigenen Interesse
der Angehörigen des ganz isolirt gelegenen Klosters entsprach. Die
übrigen Frauenklöster, welche sich für die Erziehung und Bildung
der weiblichen Jugend nützlich erwiesen, wurden ebenso wie die
später (im J. 1807) angefallenen erhalten. *)

Was die geistlichen Regenten, was Klöster und Stifter ge=
leistet für die Befriedigung der Bedürfnisse der Kirche, wurde ohne
alle Verkümmerung in gleicher Weise gereicht. Keineswegs litt, wie
die Beschwerdeschrift behauptet, in Folge der Aufhebung der Klöster
die Seelsorge. An die Stelle exponirter Klostergeistlichen traten
Pfarrer in neudotirten Pfarreien, mit, oder wo es nicht nöthig war,
ohne Gehülfen. Diese Veränderung, welche zahlreichen Kirchenge=
meinden, statt häufig wechselnder, ständig in ihrer Mitte verwei=
lende Seelsorger gab, war eine Wohlthat. Nicht weniger, als gegen
100 katholische Gemeinden, welche von Klöstern aus (excurendo) oder
durch exponirte, nach dem Belieben des Abtes wechselnde Geistliche

---

*) Gegenwärtig bestehen 8 solcher wahrhaft wohlthätigen Anstalten, mit
2 Filialinstituten, nehmlich je eine in der Stadt Baden, in Rastatt,
Offenburg, Villingen und Lichtenthal, sodann 2 in Freiburg mit einem
Filialinstitut in Altbreisach, und eine zu Constanz mit einem Filialin=
stitute zu Meersburg.

beforgt wurden, erhielten auf solche Weise ihre eigenen Pfarrer und ohn=
gefähr 50 Hilfspriester, und die Pfarreien (da nur die Minderzahl von
den Klöstern bereits dotirt oder von Standesherrn zu versorgen war,
größtentheils von dem Großherzoglichen und dem Markgräflich Ba=
dischen Fiscus ihre feste Dotation. Im übrigen wurden noch ungefähr
30 neue Pfarreien gegründet und eine große Anzahl Kaplancien zu
Pfarreien erhoben, die neuen Dotationen der ersten, so wie die Do=
tations=Zuschüsse für die letzten aber allerdings fast ausschließlich aus
Kirchenmitteln, entnommen.

Die Güter der aufgehobenen Stifter, Abteien und Klöster
waren dem Landesherrn zur völlig freien Disposition überlassen, mit
dem alleinigen Vorbehalte, der festen und bleibenden Ausstattung
der Domkirchen. Die Regierung erklärte im kirchlichen Consti=
tutionsedict vom Jahr 1807 (§. 11.), daß das Vermögen der Or=
densgesellschaften, welche aufgehoben werden oder erlöschen, mit Vor=
theil und Lasten auf den Staat übergehe, mithin auch mit der Pflicht,
die fortdauernden kirchlichen oder Staatszwecke, als Seelsorge, Ju=
gendunterricht, Krankenverpflegungen und dergleichen, anderweit hin=
länglich zu begründen. Der Verfasser der Beschwerdeschrift glaubt,
die Regierung habe durch diese Zusicherung mehr gethan, als der
Reichsdeputationsreceß verlangte, fügt aber bei, daß sie ihre Zu=
sage nicht erfüllt habe. Wir sind der Ansicht, daß sie nicht mehr zu=
sagte, als sie zu gewähren schuldig war, und daß sie in vielen Fällen
weit mehr hielt, als sie versprach. Sie sprach ja nur von Lasten,
d. h. von der Verbindlichkeit, Alles fortzuleisten, was die aufgeho=
benen Klöster zu leisten rechtlich verpflichtet waren, und da das
Klostervermögen eingezogen wurde, anderweit, d. h. aus allgemeinen
Staatsmitteln, dafür zu sorgen. Dieß hat sie überall gethan, sie hat
ihre Verpflichtung gegen die Kirche, insbesondere auch in Beziehung
auf Kirchen= und Pfarrhaus=Bauten, in einem weit liberaleren Geist
erfüllt, als es früher geschah. Durch jene Zusicherung wurde von
ihr aber keineswegs die rechtliche Verbindlichkeit übernommen, neue
Forderungen, die unter dem Gesichtspunct der gesteigerten Bedürfnisse
der Kirche aufgestellt werden, in unbestimmtem Maaße zu befriedigen.

Eben so gewissenhaft hat sie ihre Pflichten gegen die Schule
erfüllt, und für sie in allen ihren Zweigen besser gesorgt, als je
gesorgt war.

Wir wollen das Verdienst, das manche Klöster sich um den ge=

lehrten Schulunterricht, wie die Beschwerdeschrift rühmt, erworben, nicht verkennen. Wir wissen, daß manche noch lebende
oder kürzlich verstorbene ausgezeichnete Männer, wie namentlich der
treffliche Duttlinger, dem Kloster St. Blasien ihre Erziehung
und humane Bildung verdankten. Was aber St. Blasien, was vielleicht einige andere in minderem Maaße leisteten, wurde durch die
Erweiterung und Verbesserung der übrigen zahlreichen katholischen
Lehranstalten des Landes ersetzt, unter welchen mit seinen reichen
Mitteln das Rastadter Lyceum hervorleuchtet, das an die Stelle der
mit dem Collegiatstift zu Baden verbunden gewesenen Lehranstalt
getreten ist. Wir zählen nicht weniger, als drei rein katholische und
zwei gemischte Lyceen, sodann drei rein katholische Gymnasien, neben
einem protestantischen Lyceum und zwei protestantischen Gymnasien.
Ein Hinblick auf die übermäßige Zahl der Aspiranten zum Staatsdienst sollte wohl jede Klage über Verkümmerung des gelehrten
Schulunterrichts verstummen machen.

Eben so wenig hat die Aufhebung der Stifter und Klöster dem höhern Volksunterricht geschadet. In der Errichtung einer bedeutenden Anzahl von höhern Bürgerschulen fand ein schon früher ge-
fühltes, aber durch die fortschreitende gesellschaftliche Entwickelung drin-
gender gewordenes Bedürfniß seine lange ersehnte Befriedigung. Noch
wichtiger sind die Verbesserungen, welche der allgemeine Volksunterricht erhielt, während die Regierung zugleich ihre Sorgfalt für die
Bildung und Erziehung der Unglücklichen, welche körperliche Gebrechen
von der Theilnahme an der allgemeinen Volksschule ausschließt, durch
die ebenfalls neu gegründeten Anstalten für Taubstumme und
Blinde beurkundete. So Vieles auch das allgemeine Volksschul-
wesen noch zu wünschen übrig lassen mag, so sind die Fortschritte,
die es überhaupt, insbesondere aber in einigen Landestheilen, die
früher gegen andere weit zurückgeblieben, seit 2 bis 3 Decennien
gemacht hat, eine notorische Thatsache. Man weiß, daß, wie schon
früher, so in reichem Maaße im Jahre 1820 und in den Jahren
1831 bis 1835 aus Staatsmitteln bedeutende Fonds für die Bes-
serstellung der Lehrer (unter angemessener Beiziehung der Gemeinden nach dem Maaß ihrer Kräfte), sodann für die Ruhege-
halte emeritirter Lehrer, für die zu Gunsten ihrer Hinterlassenen
gegründeten Wittwen- und Waisen-Cassen bewilligt, und für
die Bildung der Schullehrer zwei katholische und ein protestantisches

Seminarium errichtet wurden. — Man weiß auch, in wie gar vielen Orten es im Jahre 1807 noch an Schulhäusern fehlte, wo es jetzt nicht mehr daran fehlt, und wie ganz anders die neuerrichteten oder erneuerten und erweiterten beschaffen sind, als jene, womit man sich früher begnügte?

In manchen Landestheilen, wie namentlich im Altbadischen und im Hochstift Bruchsal, in einzelnen Theilen der Breisgauischen Länder, in der Pfalz u. s. f. war das Schulwesen schon zur Zeit der Secularisation nach dem Maaßstab der damaligen Zeit, wohl geordnet. Aber gerade in einzelnen weiten Bezirken jenes Landestheils, in dessen Mitte und Näße sich die meisten Klöster befanden, war für die Bedürfnisse des Volksunterrichts am wenigsten gesorgt. Wir sind zu dieser Behauptung vollkommen berechtigt, wenn wir nur einigermaßen den Angaben eines katholischen Geistlichen vertrauen dürfen, der in der Mitte des Schwarzwaldes lebte, und, unmittelbar nach dem Anfall des Landes an Baden, den Zustand des dortigen Schulwesens in einer kurzen Darstellung schilderte, welche er einem landesherrlichen Commissär überreichte, und aus der wir hier unten einige Stellen mittheilen. *) Der Beschwerdeführer sehe zu, wie es nun im Schulwesen auch in jener Gegend aussieht, und er wird, wenn er, wie wir, den bestehenden Zustand keineswegs als einen vollkommenen preisen dürfte, doch zugeben, daß die raschen Fortschritte, welche man der „protestantischen Regierung" verdankt, die frühere Behandlung des Schulwesens in tiefen Schatten stellen.

---

*) Der Aufsatz rührt von dem damaligen Pfarrer Burghart zu Breitenau her, trägt das Datum vom 19. Januar 1807, bemerkt, wie wenig die Josephinischen Verordnungen über das Schulwesen vollzogen worden, und enthält unter Andern folgende Stellen: „Der Lehrer — wer ist dieser? oft ein Invalide, ein Bedienter, oder ein zank- und prozeßsüchtiger, oder ein mundtodter Bauer, oder aber ein Quasi-Laquai des Pfarrers." — „Was ist eines solchen Lehrers Lohn? Wohnung, Holz, 20 bis 60 Gulden Geld." — „Der Lehrer nährt sich, um zu leben, durch Gregoriusfeste, durch geheime Commissionen in Gevatter- und Hochzeitssachen ꝛc., wird was versteigert, so macht er den Ausrufer u. s. f." Der Verfasser jenes Aufsatzes behauptete, daß in einem weiten, 5000 bis 6000 Einwohner umfassenden Umkreise von Breitenau nicht ein einziges Schulhaus zu finden war, und sprach von gemietheten Schulstuben, die von 60 schulpflichtigen Kindern nur 30 aufnehmen konnten.

Wir haben nun noch die tadelnden Bemerkungen der Beschwerde=
schrift gegen einige Bestimmungen der Gesetze und Verordnungen
zu berühren, welche die kirchlichen Verhältnisse des Landes
in dieser Periode ordneten.

Die Organisationsedicte vom Jahr 1803 und das Constitu=
tionsedict vom Jahr 1807 hatten zwar die eingetretene Verände=
rung der Umstände zu beachten. Was die Regierung aber darin ver=
fügte, entsprach im Wesentlichen bereits früher in den altbadischen
Landen bestandenen Gesetzen und Uebungen.

Dies galt insbesondere von den Bestimmungen, welche sich
auf die Erhaltung des Religionscharacters ungemischter Orte
und auf verwandte Gegenstände beziehen. Es wurde nur für jene Fälle,
in welchen man früher unter gewissen Voraussetzungen stets Dispen=
sationen von allgemeinen Verboten ertheilte, nach diesen Voraus=
setzungen bemessene, gesetzliche Regeln aufgestellt, welche das Viel=
regieren etwas beschränkten. Gleichwohl blieben, insbesondere in
Bezug auf die Niederlassung in ungemischten Landgemeinden und
kleinen Städten, Verbote bestehen, jedoch gleichfalls unter Vorbe=
halt der Dispensation. Wenn nun die Edicte auf der einen
Seite zur Erhaltung des Religionszustandes gemischter Orte noch
Beschränkungen der Bürgeraufnahmen aus confessionellen Rücksichten
fest hielten, auf der andern Seite aber Bestimmungen trafen, welche
sie gefährdeten; so fiel die Regierung dadurch keinesweges, wie die
Beschwerdeschrift meint, mit sich selbst in Widerspruch, sondern sie
suchte nur einen aus der Natur der Dinge hervorgegangenen Streit
verschiedenartiger Bedürfnisse und Rücksichten zu vermitteln. Jene
Beschränkungen, welche der Beschwerdeschrift nicht genügten, fielen
aber später ganz hinweg, wie gleich anfänglich nicht anders zu er=
warten war. Wir haben gezeigt, in welcher Weise die Bevölke=
rungen beider Confessionen selbst in jenen Gegenden, wo ungemischte
Orte die Regel bilden, nahe beisammen leben. In den nähern Be=
rührungen, in welche diese Bevölkerungen durch ihre Vereinigung
unter einer Regierung mit einander kamen, mußten die gemischten
Ehen sich vervielfältigen, mußte Gelegenheit und Bedürfniß wechsel=
seitiger Uebersiedelungen sich vermehren und eine Beschränkung fort=
schreitend drückender werden, welche die Bewohner desselben Landes
verhinderten, ihre Kräfte und Kapitalien an den Ort zu verpflanzen,
wo sie davon den besten Nutzen zu ziehen erwarten durften. Daher

konnten die Beschränkungen des freien Ueberzugs, welche das Con-
stitutionsedict von 1807 größtentheils noch festgehalten hatte, nicht
fortbestehen. Die Behörden fühlten sich immer mehr gedrungen,
die discretionäre Gewalt, weiche diese Gesetze ihnen einräumten, im
Sinne der Freiheit anzuwenden. Zuletzt wurde aber die Schranke,
welche die freie Bewegung der Bevölkerung im Innern des Landes
hemmte, durch die Gemeindeordnung und das Bürgerannahmsgesetz
gänzlich hinweg geräumt. Diese Maßregel hat die volle Zustimmung des ganzen Landes erhalten, und wir müssen uns nur wundern,
daß die Beschwerdeschrift ihrer nicht gedenkt, da sie auf die Erhaltung der Reinheit der Gemeinden, und überhaupt auf strenge Absonderung einen vorzüglichen Werth zu legen, und sie schon durch
die von ihr berührten frühern gesetzlichen Bestimmungen bedroht zu
halten schien.

Der Beschwerdeführer erklärt sich ferner gegen die Bestimmung
des Organisationsedicts, wonach die Einsegnung gemischter
Ehen nach dem freien Belieben der Eheleute von dem Pfarrer des
Bräutigams oder der Braut, und auf Verlangen von Beiden geschehen solle. Er meint, daß hierin die Keime übler Früchte lagen.
Auch jene Bestimmung entsprach dem frühern Herkommen unter der
markgräflichen Regierung, sie entsprach auch dem Herkommen oder schon
seit längerer Zeit bestandenen Gesetzen in den angefallenen Gebieten,
namentlich in den Breisgauischen Ländern. Diese Uebung hatte zur
Zeit der neuen Gründung des Erzbisthums in unbestrittener Geltung bereits mehrere Generationen überlebt und hat seither fortge-
dauert, ohne unter uns andere Früchte zur Reife zu bringen, als
solche, welche dem bestehenden schönen Frieden zwischen beiden Confessionen belebende Nahrung gaben. Wer sie antasten wollte, würde
nach einer Neuerung streben, welche die süße Frucht jenes Friedens in die des bittern unendlichen Haders zu verwandeln drohte.
Der Beschwerdeführer ist in diese Materie nicht tiefer eingegangen,
und sehr gerne folgen wir seinem Beispiele, indem wir nur noch
an die thatsächlichen Verhältnisse erinnern wollen, welche es leicht
erklärlich machen, wie sich jenes Herkommen in den markgräflichen
Landen bilden konnte, und wie es mit der ganzen Entwickelung des
Zusammenlebens der Protestanten und Katholiken in diesen Landen
zusammenhing. Man weiß, daß die untere Markgrafschaft ursprünglich nur aus ungemischten evangelisch protestantischen Orten bestand.

In Karlsruhe wurden gleich anfänglich Katholiken zugelassen. Mark-
graf Karl hatte aber, was die Religionsübung betraf, blos einen
exponirten Kapuciner für die dringendsten Fälle der Privatseelsorge
und einen Layenbruder geduldet. Man lebte in einer Zeit, wo
beide Theile noch auf die strenge Absonderung hielten, nämlich
überall, wo sie allein stunden, aber auf fremdem Boden gerne Terrain
zu gewinnen suchten. Carl Friedrich gab nun eines der ersten er-
freulichern Beispiele christlicher Duldsamkeit, indem er den Katholiken schon vor dem Anfall der Baden=badischen Lande die Errichtung
eines Bethauses mit Wohnung für die Geistlichen und einer öffentlichen Schule gestattete, und der Sache nach fast Alles verwilligte,
was er, ohne die Ansprüche der evangelischen Pfarrer auf Stolge-
bühren zu verletzen, bewilligen konnte, bis im Jahre 1804 die katholische Stadtpfarrei errichtet wurde und in alle pfarrherrliche Rechte
eintrat. Jene erste Bewilligung Carl Friedrichs, welche allerdings
nach den Forderungen der heutigen Zeit unerheblich und ungenü-
gend, und, da sie an jährliche Reverse geknüpft war, selbst eng-
herzig erscheint, muß nach dem Geiste der damaligen Zeit beurtheilt
werden. Er erfreute sich der freundlichsten Anerkennung seiner
Handlungsweise von Seite des Papstes Clemens XIII. *) Der
Stamm der katholischen Bevölkerung, der allmählig in Karlsruhe auf
7300, und in den umliegenden ungemischt evangelischen Orten des
Landamtes Carlsruhe und der Bezirksämter Durlach und Pforzheim auf ohngefähr 1600 anwuchs, war anfänglich zwar wenig
zahlreich, doch schon frühe bedeutend genug, um zu erklären, wie
schon damals die Fälle gemischter Ehen nicht selten vorkommen mußten,

---

*) Indem der Pabst in einem Breve vom 6. April 1768, worin er die
fragliche Bewilligung als einen Beweis der billigen und humanen
Gesinnungen des edlen Fürsten anerkannte, den Bischof von Speyer
beauftragte, dem Markgrafen seinen Dank auszudrücken, sagte er bei,
daß so bereit er (der Bischof) dieß auch thun möge, so würden seine
Worte die Freude und Dankbarkeit, womit die Bewilligung ihn (den
heiligen Vater) erfüllt habe, doch nicht übertreffen. Die Worte dieser
Stelle des Breves sind: Tu vero Dilecte Fili Noster eidem Mar-
gravio velimus exponas hanc animi Nostri laetitiam: nunquam
tantopere disertus eris, quin Tua verba superet jucunditas Nostra,
et gratissimus in eum animus, qui tantum nobis peperit volup-
tatem.

da die Dispensation stets ohne Anstand verwilligt wurde. Man kann sich denken, daß man auf katholischer Seite gerne alles vermied, was Confliete herbeiführen konnte, und was in dem einen Theile des nämlichen Landes galt und zugestanden wurde, konnte wohl in andern Landestheilen nicht verweigert werden.

Einen andern Vorwurf, den die Beschwerdeschrift dem Edicte macht, indem sie tadelt, daß es seine Vorschriften nicht für jeden Religionstheil nach seiner Eigenthümlichkeit besonders gab, statt sie zu generalisiren, finden wir in der Anwendung, die sie zunächst von dieser Bemerkung macht, nicht begründet. Der Grundsatz, daß der Staat keine Forderung machen soll, die anerkannten Religionsgrundsätzen widerstreitet, gilt für beide Religionsparteien auf gleiche Weise, und nicht, wie der Beschwerdeführer anzunehmen scheint, nur für die Katholiken; er gilt allerwärts, selbst für jede auch nur geduldete religiöse noch so kleine Religionsgesellschaft. Eine andere Frage aber ist, ob jener Grundsatz wirklich, wie der Verfasser der Beschwerdeschrift meint, durch die Bestimmung verlezt wird, daß sich die geistlichen Staatsbeamten in ihren Amtshandlungen, was Zeit, Ort und Beurkundung betrifft, nach den Staatsgesetzen richten sollen? Die Bestimmung ist wohl jedenfalls ganz unschuldig, indem aber die Beschwerdeschrift daraus folgen läßt, daß die Regierung einen katholischen Pfarrer zwinge, eine Ehe, die seine Kirche verwerfe, zu verkünden und einzusegnen, gibt sie zu erkennen, daß der Vorwurf gesetzlichen Vorschriften gilt, welche die Verpflichtung zur Vornahme gewisser Amtspflichten aussprechen. Zielt er damit auf die Einsegnung solcher gemischten Ehen, denen das Dogma der katholischen Kirche über die Unauflöslichkeit des Ehebandes, als dabei nicht in Frage liegend, nicht entgegen stehet, so haben wir hierüber bereits das Nöthige bemerkt. In so ferne er aber auf die Ehe eines Katholiken mit einer geschiedenen Protestantin, oder einer Katholikin mit einem geschiedenen Protestanten zielt, deren früherer Ehegatte noch lebt und sich daher gegen die gerichtliche Verordnung erklärt, welche in solchen Fällen von dem katholischen Geistlichen, in seiner Eigenschaft als Beamter des bürgerlichen Standes, die Verkündung (die Vornahme des Aufgebots) verlangt, so gibt die Beschwerdeschrift uns weiter unten Gelegenheit, hierüber unsere Ansicht auszusprechen, in der wir, wenn

auch nicht in den Gründen, worauf sie sich stützt, doch in Ansehung
des Zieles, nach dem sie strebt, mit ihm vollständig sympathisiren.

----

### 3.

### Regierungs = und Personal=Maximen.

Dieser Abschnitt der Beschwerdeschrift enthält die härtesten
Beschuldigungen gegen die Regierung, indem er ihr die schreiendste
Ungerechtigkeit gegen die Katholiken in Besetzung der Staatsämter
und unbillige Verletzung der Interessen katholischer Städte und Landestheile, vorzüglich in der Periode von 1803 — 11, zur Last legt.
Obwohl 30 Jahre seither verflossen sind, so müssen wir jene Beschuldigungen dennoch einer ausführlichen Prüfung unterwerfen,
weil sich in Allem, was zu ihrer Begründung gesagt und mitgetheilt
wird, der Grundgedanke der Schrift am schärfsten ausprägt, und die
trügerische Darstellung der damaligen Verhältnisse unverkennbar darauf berechnet ist, von vorne herein eine dem Hauptzwecke der Schrift
günstigen Eindruck hervorzubringen.

Das Organisationsedict vom Jahre 1803 hatte ausgesprochen,
daß bei Anstellungen der Staatsdiener, welche zu staatsrechtlichen,
staatswirthschaftlichen und gerichtlichen Collegien berufen werden,
„durchaus keine Religionsinfluenz für oder wider einen oder andern
Religionsgenossen" entscheiden solle, sondern nur das Maaß seiner
auf Befähigung und früherer Dienstleistung gegründeten Ansprüche.
Doch sollte in den Provinzialcollegien, in deren Bezirken beide
Religionstheile verbürgert sind, so weit es ohnbeschadet jener Haupt-
rücksichten möglich wäre, kein Theil ohne Räthe seiner Religion
bleiben. Bei Besetzung der Aemter sollte, so viel thunlich, die Religionseigenschaft berücksichtigt und dafür gesorgt werden, „daß kein
Theil der Amtsuntergebenen eine all zu lange Zeit von der An-
nehmlichkeit ausgeschlossen sei, unter der unmittelbaren Aufsicht von
Dienern seiner Religion zu stehen."

Die Beschwerdeschrift behauptet, daß die Zusage des Edicts
ausschließlich zum Nachtheil der Katholiken unerfüllt geblieben, daß
der Mangel an Befähigung, als bequemer Vorwand, sie von Staats-

ämtern zurückzuhalten gedient habe, um die Baden = Durlachische
Staatsdienerfamilien und ihre Verwandtschaft zu begünstigen. Sie
führt insbesondere an, daß Gulat von Wellenburg bei der Einrich=
tung der Kreisverfassung im Jahr 1809 — 10 nicht Kreisdirector
in Durlach werden durfte, weil er katholisch und der Kreis größten=
theils lutherisch war, daß man dagegen für den ganz katholischen
Kinzigkreis ein lutherisches Personal mit Holzmann an die Spitze
stellte. Er knüpft an die Beschuldigung einer ungerechten Zurücksetzung
der Katholiken bei Besetzung der Staatsämter, die weitere einer
Bedrückung katholischer S t ä d t e durch die getroffenen organischen
Einrichtungen, welche Freiburg, Mannheim und besonders Bruchsal
in Nachtheil gesetzt. Er citirt die Autorität des Kaisers Napoleon,
um die Thatsache des unleidlichen Druckes, der in jener Periode die
Katholiken des Landes niedergebeugt, zu bekräftigen, indem er aus dem
Staube der Archive eine im Namen des Kaisers Napoleon von sei=
nem Minister der auswärtigen Angelegenheiten (Champagny) er=
lassene Note vom 12. Februar 1810 hervorzieht. „Darin" —
so referirt die Beschwerdeschrift — „erklärt er (der Kaiser) sein
äußerstes Befremden über das System der Regierung, die Katho=
liken und neuen Unterthanen von den Staatsämtern auszuschließen,
den Provinzialstädten ihren Wohlstand zu verkümmern, und beides
den leidenschaftlichen Planen einer herrschenden Partei in Karlsruhe
zu opfern. Nicht mit Ruhe und Gleichgültigkeit könne er zusehen,
wie man die Unterthanen, die er Baden gegeben, mit Ungnade als
Heloten behandle, sie seien nicht der Regierung unterworfen, um
daraus Sclaven zu machen, sondern er sei ihnen Beschützung schul=
dig, gerade deswegen, weil er sie Baden gegeben. *) Er wünsche

---

*) Die Note, welche der Beschwerdeschrift beigedruckt ist, giebt noch, als
weitere Grunde der Einmischung, die bedrohte Ruhe der Conföderation
und die näheren Verbindungen des Kaisers mit dem badischen Hause
an, wie aus folgenden Stellen zu ersehen ist. „Le systeme suivi à leur
égard (in Beziehung auf die Katholiken) auroit d'ailleurs des conséquences pernicieuses pour la tranquillité et le repos du Grand-
Duché et par contre coup pour les pays voisins et pour la con-
fédération du Rhin. Par toutes ces raisons sa Maj. impériale et
royale se sent obligée d'arrêter et de prévenir ces conséquences
et les liens particuliers et si étroits qu'attachent à Elle la maison
de Bade lui en feraient seul un devoir.

daher, daß die Regierung ohne Verzug entgegengesetzte Maßregeln ergreife, alle ungerechte Ausschließung unterlasse, und, weil die Katholiken über die Hälfte der Einwohner wären, sie auch die Hälfte der Stellen im Ministerium, so wie in jedem Zweige der Staatsämter besitzen sollten." Die Beschwerdeschrift erzählt sodann, wie diese Note in Karlsruhe einen angstvollen Eindruck hervorgebracht, und beschlossen worden sey, daß der Erbgroßherzog Carl den Ministerialconferenzen vom 23. April 1810 an beiwohne; wie sodann derselbe voraussehend, daß die heillosen Grundsätze des Ministeriums zur vollständigen Verwirrung führen müßten, bereits am 1. Merz 1810 den Freiherrn von Andlaw um Uebernahme des Ministeriums gebeten habe,*) um die eingerissene Anarchie zu beseitigen, und wie endlich der Minister von Marschall, der dem Kaiser am meisten mißfallen, seine Entlassung habe nehmen müssen, dessen Stelle sodann der Freiherr von Andlaw eingenommen habe. Was noch weiter unter diesem Abschnitte erzählt wird, wollen wir, da es mit dem hier Mitgetheilten in keinem nähern Zusammenhange steht, später berühren.

Um die Verhältnisse und Thatsachen, um die es sich hier handelt, gehörig zu beurtheilen, muß man auf die Epoche des ersten Länderanfalls (1803) zurückgehen.

Die angefallenen Territorien waren, mit Ausnahme der von der Pfalz erworbenen Theile, von so geringem Umfang, daß keines derselben eine besondere Provinz bilden konnte. Sämmtliche Erwerbungen am Bodensee wurden in eine Provinz (das obere Fürstenthum), vereinigt, deren Dikasterien mit Katholiken besetzt blieben, sowie auch die Lokalstellen. — Die längs dem Rheine bis zur Markgrafschaft gelegenen, durchgängig nur kleinen angefallenen Gebiete, bildeten mit den altbadischen Landen die Provinz der Markgrafschaft, deren Dikasterien Räthe beider Confessionen, aber Vorsteher evangelischer Confession hatten. **) Die Aemter waren

---

*) Dieses Schreiben ist ebenfalls der Beschwerdeschrift als Beilage beigedruckt.

**) Bis zum Reichsdeputationshauptschluß bestand die Regel, daß in dem Hofrathcollegium der alten Markgrafschaft 2 Räthe katholischer Confession zu sitzen hatten. Im Jahr 1805 zählte aber die administrative Mittelstelle der Provinz der Markgrafschaft bereits 7 und das Hofgericht dieser Provinz 5 katholische Mitglieder.

und blieben in der Regel mit Beamten von der Confession der Eingebornen besetzt. *) — Mit den pfälzischen Aemtern wurde das Bruchsalische in eine dritte Provinz (die Pfalzgraffchaft) vereinigt. In der Pfalz bestand, bis kurz vor dem Anfall des größern Theiles der diesseitigen Aemter an Baden, der Grundsatz, daß obwohl nahe zwei Drittheile der Einwohner den evangelisch protestantischen Confessionen angehörten, Keiner dieser Religionsverwandten zu irgend einem Staats- oder Gemeindeamt gelangen könne, mit alleiniger Ausnahme der zur Besorgung ihrer kirchlichen Angelegenheiten und zur Verwaltung ihres Kirchenvermögens bestehenden Stellen. Dieser Grundsatz war bis kurz vor dem Anfall des Landes an Baden mit bekannter Strenge beobachtet worden, indem man nur von ganz wenigen vorgekommenen Ausnahmen zu erzählen wußte.

Seit dem Regierungsantritt des menschenfreundlichen und gerechten Churfürsten Max, der die vollkommene Rechtsgleichheit der drei christlichen Religionsparteien sogleich anerkannte, war zu kurze Zeit verflossen, als daß dieses Princip bei dem Uebergang des Landes unter badische Herrschaft eine, auch nur einigermaßen erhebliche Wirkung hätte geäußert haben können. So kam es, daß in dieser Provinz auch noch unter der Churfürstlich Badischen Regierung nicht nur die Landesdicasterien ausschließlich nur Katholiken zu Vorständen hatten, sondern daß überhaupt bei weitem die meisten Staatsbeamten der katholischen Religion angehörten.

Zum Geheimenrath, der zur Zeit des ersten Länderanfalls mit protestantischen Mitgliedern besetzt war, berief man, zum Theil selbst aus dem Auslande, katholische Räthe, die, wenn sie auch vor der Hand nur als Geheime Referendäre eintraten, doch den Hofsitzungen in den Sachen ihres Departementes beiwohnten, und nach dem damals noch strenger beobachteten Grundsatz der Anciennität, bei gleichen Ansprüchen, mit Sicherheit ihr Vorrücken in die ersten Stellen erwarten konnten, in die sie später (wie namentlich Hofer, Sensburg und Gulat) auch eintraten.

Nachdem der badische Staat sich in Folge des Preßburger

---

*) Die gemischte altbadische Herrschaft Mahlberg hatte bis zum Reichsdeputationshauptschluß einen katholischen und einen protestantischen Beamten. Der Amtsvorstand war seit dem Anfall dieser Herrschaft (1771) in der Regel ein Katholik.

Friedens und der Auflösung des deutschen Reiches hauptsächlich durch den Anfall katholischer Gebiete vergrößert hatte, dauerte es nur wenig länger, als ein Jahr, bis zwei Katholiken, der eine, Freiherr von Dalberg, als Finanzminister und Director des Kabinets, der andere, Freiherr von Hacke, als Minister des Innern, an die Spitze der Geschäfte traten. Man weiß, daß es bei Beurtheilung solcher Verhältnisse hauptsächlich darauf ankommt, wer in der That den stärksten Einfluß ausübt. Dalberg war es, dem unter den Conjuncturen, unter welchen er das Ministerium übernahm, die ministerielle Allmacht in dem weitesten Umfange verliehen war, und so lange verblieb, als er das Vertrauen des Erbgroßherzogs ungeschwächt besaß; denn bereits stand der ehrwürdige Karl Friedrich in dem hohen Alter, wo dem lebensfähigsten menschlichen Geiste die Kräfte schwinden. Dabei war er fortdauernd schwer leidend.

Dalberg gebrauchte seine Gewalt mit einer Rücksichtslosigkeit, welche die ältern, treuesten Diener Karl Friedrichs aufs Tiefste verletzte. Er begnügte sich nicht, sie theilweise, wie den trefflichen Freiherr von Marschall, aus dem Kreise ihres wohlthätigen Wirkens zu entfernen, und durch Uebersetzung in andere, ihrer Berufsbildung ganz fremde Gebiete zu kränken, oder sie auf andere Weise zurückzusetzen, sondern entzog ihnen, in schnödem Hohne, selbst Ehrenprädicate, die ihnen Karl Friedrich in dankbarer Anerkennung ihrer Verdienste verliehen hatte. Confessionelle Gefühle und Rücksichten waren hier keinesweges im Spiele. Kein Mensch dachte daran, und das ganze Benehmen des neuen Ministers, keine seiner Amtshandlungen ließ den leisesten Verdacht bigotter Verfolgung zu. Nein! es war eine politische Verfolgung, es war ein Krieg, den die unbedingte Verehrung französischer Staats- und Verwaltungsweisheit gegen deutsche Art und Weise, gegen die Perücken des deutschen Reiches begonnen hatte. *) Das neue Regiment erreichte bald sein Ende. Ihm folgte 1809

---

*) Es ist genug, zu erinnern, daß der Minister für die Verfassung und Verwaltung des Staats, in einer von ihm gegengezeichneten landesherrlichen Verordnung über die Organisation der obersten Staatsbehörde vom 5. Juli 1808, als ein Vorbild das — Königreich Westphalen bezeichnete. — Er entlehnte der französischen Verwaltung eine nützliche Anstalt — die Amortisationskasse, wußte sie aber nicht gehörig einzurichten.

das Ministerium, welches die Aufgabe zu lösen suchte, dem Lande eine seinen Verhältnissen angemessene Organisation zu geben. *) Es würde uns zu weit führen, das absprechende Urtheil der Beschwerdeschrift über diese Maaßregel ausführlich zu widerlegen, und zu zeigen, wie die Organisation von 1809, wenn sie auch, wie es nicht anders sein konnte, nicht ohne mannigfaltige Mängel war, doch jene Aufgabe im Allgemeinen glücklich löste. Wir verzichten insbesondere darauf, darzuthun, wie sie das Land erst zu einem Ganzen machte, und wie gar Manches, was später verbessert wurde, ursprünglich kein Fehler, sondern eine zweckmäßige Vorbereitung des Vollkommenern war. Nur was die Beschwerdeschrift über die Verletzung der Interessen verschiedener katholischer Städte und von der Zurücksetzung der Katholiken bei Anstellungen sagt, haben wir zu besprechen.

Worin bestanden die Nachtheile, die Mannheim und Freiburg trafen? Die Bezirke der Verwaltungsbehörden, welche dort ihren Sitz hatten, wurden beschränkt, und daher eine Anzahl Staatsdiener in andere Städte versetzt, während die Bezirke der Hofgerichte unverändert blieben. Kann hier wohl von erheblichen Verlusten im Ernste die Rede seyn? Doch wir wollen es annehmen, und nur zeigen, daß confessionelle Rücksichten dabei ganz zur Seite lagen.

Wenn Mannheim durch die Organisation verlor, so traf der Verlust eine fast gleichheitlich gemischte Bevölkerung. Ihrem Verlust entsprach der Gewinn, der den in der Mitte gemischter Bezirke gelegenen Städten Mosbach und Werthheim zu gut kam.

Bruchsal sollte das Oberhofgericht nach dem Organisationsplane so lange nicht verlieren, bis daselbst der künftige Landesbischof

---

*) Das Ministerium wurde, nachdem das Organisations=Edict vom Jahr 1809 verkündet war, auf folgende Weise zusammen gesetzt: Minister-Präsident, Freiherr von Gayling; Kabinets=Minister, Freiherr von Reitzenstein; Minister des Aeußern, Freiherr von Edelsheim; Justizminister Freiherr von Hövel; Minister des Innern, Freiherr von Marschall; Finanzminister, Freiherr von Türkheim. Freiherr von Hövel war der einzige Katholik unter ihnen. Sämmtliche Minister bildeten die Ministerial=Conferenz, wozu auch Staatsräthe berufen werden konnten. Der Freiherr von Reitzenstein, der schon vor dem Sommer in das Kabinet eintrat, hatte sogleich die Einberufung des Freiherrn von Marschall veranlaßt, um mit ihm die Organisationsedicte zu bearbeiten.

seinen Siz nehme. Nicht die Minister von 1809, sondern ihre Gegner und der heillose fremde Einfluß, der unter dem Vorwande des Schuzes der Katholiken politische Zwecke verfolgte, entrissen dieser katholischen Stadt den Ersatz für so viele erlittene Verluste.

Wenn Freiburg durch die Organisation verlor, so hatten dagegen die katholischen Städte Villingen und Constanz gewonnen.

Wenn die protestantischen Städte Durlach und Lörrach gewannen, so konnten die katholischen Städte Rastadt und Offenburg sich des gleichen Vortheils rühmen.

Wenn das gemischte Karlsruhe auf der einen Seite durch die zahlreiche Besetzung der Ministerien Vortheile erhielt, so hatte es dagegen die Provinzstellen verloren, und wo findet man eine Residenz, die, wie Karlsruhe, nebst dem höchsten Gerichte das Mittelgericht und die mittlere Regiminalbehörden entbehrt. Wenn später die katholischen Städte Villingen und Offenburg, was sie gewonnen hatten, wieder verloren, so traf das gleiche Schiksal die protestantischen Städte Durlach und Lörrach, und zuletzt waren es hauptsächlich die katholischen Städte Constanz und Rastadt, die das gewonnene mit einem Zuwachse behaupteten.

Nur das entschiedenste Uebelwollen konnte jenen frühern Vorgängen den von der Beschwerdeschrift angedeuteten gehässigen Character beilegen.

Ist aber nicht der Vorwurf einer aus confessionellen Rücksichten entsprungenen Zurücksetzung der Katholiken beim Vollzug der Organisation vom Jahr 1809 begründet? Wir können diese Frage mit dem beßten Gewissen nur verneinen.

Was die spezielle, auf die Versetzung Gulats von Wellenburg nach Villingen bezügliche, Thatsache betrifft, *) so ist sie eine reine Erdichtung. Dieser tüchtige Mann, der später an die Spitze eines Ministeriums trat, kam nicht deßhalb, weil er Katholik war, im J. 1810 nicht nach Durlach, sondern lediglich weil sein protestantischer Mitbewerber im Range älter war, bereits die Stelle eines Re-

---

*) Diese Versetzung war für Herrn v. Gulat seiner Familienverhältnisse wegen schmerzlich; aber wie viele Protestanten haben nicht auch die unangenehme Seite des Staatsdienstes kennen gelernt.

gierungs-Vicepräsidenten zu Freiburg bekleidet hatte, und dort einem verdienten ältern Katholiken hatte weichen müssen. Es wurde also in Freiburg und in Durlach dem Katholiken und dem Protestanten ganz mit gleichem Maaße gemessen. Wäre es richtig, daß der Kinzigkreis, wie die Beschwerdeschrift sagt, ganz aus katholischen Landestheilen bestanden habe, so wäre ein Vorwurf gegründet. Allein die Beschwerdeschrift stützt sich auf eine notorische Unwahrheit. Der Kinzigkreis umfaßte mehre protestantische Landestheile, die lichtenauischen Aemter und Lahr, sodann die gemischte Herrschaft Mahlberg, und mehrere protestantische oder gemischte Grundherrschaften, so daß die protestantische Bevölkerung nahe ⅓ der Einwohnerzahl des Kreises erreichte, während der Donaukreis, als die Organisation vollzogen wurde, und das Amt Hornberg noch nicht erworben war, ausschließlich aus katholischen Orten bestand. Hier ein Beweis, wie leichtsinnig die Beschwerdeschrift ihre Behauptungen hinwirft. Weislich sagt sie nicht, welches Verhältniß bei der Besetzung der Directorstellen beobachtet worden war. Fünf der 10 Kreisdirectoren waren Katholiken (Freiherr von Lassolaye, Freiherr von Roggenbach, von Hofer, von Gulat, von Heimb,) und die andere Hälfte Protestanten (die Freiherrn von Kalm und von Wechmar, von Hinkeldei, von Manger und Holzmann).

Welcher Vorwurf bleibt nun auf den Ministern von 1809—10 haften? Die schwerste Schuld, welche zunächst auf dem Kabinetsminister und dem Minister des Innern lastete, bestand darin, daß sie überhaupt wagten, da zu sein. Ist es in den Augen des Beschwerdeführers ein Fehler, einer badendurlachischen Familie anzugehören, so mußte man sie jedenfalls von diesem Fehler freisprechen, denn sie waren aus fremden Gebieten in den badischen Dienst berufen worden. Was man allein tadeln durfte, war, daß man nicht das Finanzministerium, (da es für diesen Verwaltungszweig unter den höhern katholischen Staatsdienern an Specialitäten nicht fehlte) einem Katholiken, wie es bald hierauf geschah, übertrug, oder wenigstens für die Ministerialconferenzen nicht noch ein weiteres ständiges Mitglied katholischer Confession bestimmte. Man bewog zur Uebernahme jenes Ministeriums einen höchst achtbaren Mann (den Freiherrn von Türckheim) dessen Wahl aber, ohnerachtet er ein El-

säßer war*), bei seiner Befreundung mit den Ministern, ihren ein-
flußreichsten und heftigsten Gegner, den wir sogleich nennen werden,
nicht entwaffnete, und auf der andern Seite, da der Berufene ebenfalls der protestantischen Religion angehörte und man nicht gleichzeitig wenigstens einen weitern Katholiken zum ständigen Mitgliede
der Ministerialconferenzen ernannte, eine Blöße gab. Jene Wahl
wurde durch die Ansicht bestimmt, daß den Finanzen in ihrer damaligen Lage vorzugsweise ein ausgezeichnetes Talent aus dem höhern Merkantilstande Noth that. Bei der Eigenthümlichkeit des
Finanzwesens der dentschen Staaten konnte man die Richtigkeit dieser Ansicht bestreiten, aber kein Zweifel ist, daß der Berufene nicht
nur ein solches Talent sondern zugleich ein Mann von der aller-
strengsten Redlichkeit war. Das neue Ministerium mochte jene
Blöße, die einzige, die es sich gab, um so leichter übersehen, da es
an confessionelle Rücksichten gar nicht dachte. Wie fremd ihm diese
waren, zeigte am besten die Zusammensetzung der Ministerien. Die
ältern altbadischen, protestantischen Staatsdiener waren größtentheils dem Ministerium des Aeußern und, als eine Art Pensionäre,
dem Lehenhof zugetheilt, während in dem, in confessioneller Beziehung wichtigsten Ministerium des Innern von 15 Directoren und
Räthen (außer den beiden Kirchendepartements, der Sani-
tätscommission, die aus protestantischen Hof- und Localbeamten gebildet ward, und dem pfälzischen Kriegsseparat, dem zwei Katholiken vor-
standen) zehen Katholiken und fünf Protestanten waren. Gerade die
wichtigsten drei Departements, das Landeshoheits-, das Polizei- und das
Oekonomie-Departement erhielten katholische Directoren, nur vier protestantische und sieben katholische Räthe. Das Verhältniß war daher wie 4 : 10. Das Generaldirektorium, in welchem Stimmen-
mehrheit entschied, bildeten der protestantische Minister mit zwei
protestantischen und vier katholischen Directoren.**) Auf das wohl-

---

*) Man hatte für ihn, da er Franzose blieb, unmittelbar bei dem Kaiser
die Erlaubniß zur Annahme dieser Stelle erwirkt.
**) Die Organisation entfernte, nachdem Freiherr von Dalberg schon früher
abgetreten war, nur den Freiherrn von Hacke und vier bis fünf weitere Katholiken aus den Ministerien, während sie eine drei- und vier-
fach größere Zahl nach der Residenz zog und in eine höhere Dienststellung
brachte. Nur die altbaden-durlachischen Staatsdiener verloren in der
innern Verwaltung gar sehr an ihrem Einfluß.

beſeßte katholiſche Kirchendepartement gingen gar viele Geſchäfte
über, welche früher nicht die katholiſche Kirchencommiſſion, ſondern
gemiſchte Behörden beſorgten. In dem Juſtizminiſterium, dem
ein katholiſcher Miniſter vorſtand, war die Hälfte der Räthe katho-
liſch. Zwiſchen den Mitgliedern des Oberhofgerichts beſtand [das
gleiche Verhältniß, nur war der Präſident deſſelben ein Proteſtant.
Dagegen waren von den drei Hofgerichtspräſidenten 2, und von
39 Directoren und Räthen 31 Katholiken und nur 8 Proteſtanten.
Von den 32 Vorſtänden und Räthen der Kreisdirektorien zuſam-
men, gehörten 15 der katholiſchen Religion an, und von den erſten
Bezirksbeamten aber über drei Viertheile. Die Reſidenzſtadt
hatte zum erſtenmale einen Katholiken zum Amtsvorſtande erhalten.

Wie konnte unter dieſen Umſtänden die franzöſiſche Note von
einem Syſteme ſprechen, welches die Katholiken von allen Staatsämtern auszuſchließen ſuche (qui tend à exclure de toute participa-
tion aux emplois et fonctions publiques les catholiques), wie konnte
unter dieſen Umſtänden die furchtbare Anklage, welche wir vernommen, gegen das Miniſterium bei dem franzöſiſchen Kaiſer erhoben
werden? Wie mochte die ſchmachvolle Einmiſchung der Fremden
in unſere innern Angelegenheiten an das Tageslicht gezogen werden? Wie mochte man aus einem eingetretenen Wechſelfalle Gift
ziehen, dem unmittelbar, wenn nicht ganz gleiche, doch ähnliche
Wechſelfälle entgegengeſeßter Art vorangegangen waren und nach-
folgten. Auf alle dieſe Fragen findet man leicht die Antwort, wenn
man die ganz klare Tendenz der Schrift erwägt. Aber wir haben noch
eine andere Frage zu thun. Wir fragen den Verfaſſer der Beſchwerdeſchrift, ob er nicht fühlte, daß ſeine Mittheilungen ihm wie
feurige Kohlen auf die eigenen Finger fielen? Ohne Zweifel haben
unſere Leſer die Brandflecken ſchon geſehen; wir wollen ſie unter-
ſuchen, vermögen ſie aber bei aller chriſtlichen Liebe nicht zu heilen.

Die Beſchwerdeſchrift theilt eine Urkunde mit, die das Geheimniß der Archive decken ſollte. Der Abdruck ſtimmt mit dem
ausgefertigten Originale überein, das noch vorhanden iſt. Sie theilt
eine weitere Urkunde mit, das Schreiben des Erbgroßherzogs an
den Freiherrn von Andlaw, wovon hier eine Urſchrift nicht zu finden
iſt. Ueberdies findet man eine Reihe von Actenſtücken ſelbſt Aus-
züge aus Vorträgen, als Beilagen der Schrift abgedruckt, die den
Verfaſſern derſelben nur eine Verlezung der Dienſtpflicht zur Ver-

öffentlichung liefern konnte. Doch wir wollen, da ihr Inhalt unbedenklich scheinen mochte, hierauf nicht einmal ein Gewicht legen;
wir wollen nur von der Veröffentlichung der Note des französischen
Ministers sprechen. Wer ein solches Denkmal der schmachvollen
Behandlung seines Fürsten und Landes, nicht, um durch die Erinnerung daran eine gerechte Entrüstung und lebendige vaterländische
Gefühle zu erwecken, sondern vielmehr billigend und in der Absicht,
gehässige Beschuldigungen gegen die Staatsregierung damit zu unterstützen, — wer ein solches Actenstück in solcher Absicht dem Publicum
übergibt, hat sich selbst gerichtet, auf welchem Schleichwege er sich
das Document verschafft haben mag. Seine Schuld erhöht sich aber
vielfach, wenn er zugleich alle Umstände verschweigt, welche über
die wahren Ursachen und Triebfedern der schimpflichen Behandlung
seiner Regierung klaren Aufschluß geben. Wer sich jene Urkunden
aber verschaffen konnte, war auch in der Lage, jene nähern Umstände
kennen zu lernen. Es trifft ihn insbesondere auch der Vorwurf,
durch seine halben Mittheilungen der großen Mehrheit der Leser,
welchen die Verhältnisse jener Zeit und die handelnden Personen
weniger genau bekannt sind, Veranlassung zu mancherlei Fragen,
Vermuthungen und Combinationen zu geben, welche leicht die ehren-
werthesten Personen in ein falsches Licht stellen könnten. Nicht allein
um den gänzlichen Ungrund der kaiserlichen Anklagen gegen die Regierung darzuthun, sondern auch, um jedem Unschuldigen, auf den die
Beschwerdeschrift durch ihre mangelhafte Darstellung und ihre Reti-
cenzen einen falschen Schein werfen könnte, sein Recht widerfahren zu
lassen, halten wir uns für verpflichtet, den ganzen Hergang der
Sache hier mitzutheilen.

Die Note fällt in die Zeit, in welcher sich Vignon als französischer Gesandter zu Carlsruhe befand. Er war bald nach seiner
Ankunft mit einer Anmaßung aufgetreten, die sich im Verlaufe seines Hierseins immer mehr steigerte. Man glaubte schon in seiner
Sendung an den Badischen Hof die Zeichen sinisterer Plane für
das Land zu erblicken, und täuschte sich nicht. Er sollte Deutschland — dies befürchteten gar Manche, an eine Art kaiserlicher Pro-
consulate gewöhnen, und vielleicht selbst noch Mehres vorbereiten.
Baden schien zu solchem Versuche ja das günstigere Terrain. Die
Ministerial-Veränderung vom Jahre 1809 — 1810 gab ihm die er-
wünschte Veranlassung zu kühnerem Hervortreten. In den Ministern

von Reitzenstein und von Marschall befürchtete er mit Recht, dem kräftigsten Widerstand gegen seine Bestrebungen zu begegnen. Er haßte persönlich den Freiherrn von Marschall, beide Minister waren ihm aber unter dem politischen Gesichtspunkte gleich zuwider, weil sie sich dem herrischen Einfluß des fremden Gesandten nicht hingaben, und von der Würde, Selbstständigkeit und Unabhängigkeit der Regierung, so viel möglich, zu retten suchten. Die feindselige Stellung, die der anmaßende Diplomat gegen den Minister von Marschall angenommen, war notorisch.*) Man wußte schon, daß er gleich anfänglich die gehässigsten Berichte nach Paris über den Zustand in Baden gesendet, wo der verläumdete Minister ohnehin an Dalberg einen entschiedenen Gegner hatte, der im Begriffe stand, den badischen Dienst zu verlassen, und daher um so rücksichtsloser seine Gesinnungen aussprechen konnte.

Es war zu Ende Januar, daß Bignon förmlich, jedoch mündlich verlangte, 1) daß der Minister von Marschall entfernt, und 2) ein zweiter katholischer Minister ernannt werde, dem sodann das Ministerium des Innern zu übertragen sei, 3) daß man außer den Kreisdirectorien, drei Präfecturen mit dem Size zu Mannheim, Carlsruhe und Freiburg errichte, und den ernannten Präfecten die in diesen Städten angestellten Kreisräthe als Präfecturräthe beigebe, sodann 4) daß die Abtheilung des Ministeriums in Sectionen abgeändert werde. Zugleich kündigte er an, daß er noch andere Bemerkungen zu machen habe, aber vorläufig auf diese Puncte sich beschränke.**) Der Erbgroßherzog erklärte sogleich, daß er nicht gesonnen sei, Rückschritte zu machen, wenn er nicht die Gewißheit erhalte, daß Bignon auf ausdrücklichen Befehl des Kaisers handle. Nur dem bestimmten Willen des Kaisers, d. h. einer damals un-

---

*) Bignon pflegte, was man im weitesten Umfang zur höhern Gesellschaft in Carlsruhe rechnen konnte, in seinen Salons zu vereinigen. Indem er dem Minister von Marschall nie eine Einladung zukommen ließ, ersparte er ihm zwar eine Unannehmlichkeit, verletzte aber die conventionellen Regeln des gesellschaftlichen Lebens auf eine Weise, daß sein Haß gegen den Minister von Marschall selbst dem großen Publikum kein Geheimniß blieb.

**) Hiernach ist es kaum zweifelhaft, daß Bignon schon damals die Absicht seiner Regierung kannte, die Note vom 12. Februar zu erlassen.

widerstehlichen Gewalt, war er entschlossen zu weichen.\*) Die Anfrage
zu Paris hatte die famose Note vom 12ten Februar zur Folge,
welcher der französische Minister der auswärtigen Angelegenheiten
die Erklärung (an Groos und Dalberg) beifügte, daß Bignon allerdings zu Allem, was er bereits verlangt, authorisirt sei, und zwar
sehr bestimmt (qu'il l'est très fort). Dabei fielen (gegen Groos)
noch schwere Drohworte (si cela ne change l'empereur sera dans le
cas de disposer des pays catholiques, qu'il a donné dans le temps)
welche wohl über das letzte Ziel der erhobenen Anklage Besorgnisse
erregen konnten. Jene Note war daher nur ein Nachtrag zu den,
von Bignon bereits mündlich gestellten Forderungen. Merkwürdig
ist dabei, daß diese Forderungen, welche die Tendenz der französischen
Politik klarer machten, nur mündlich und im Stillen gestellt wurden,
während die affectirte Zärtlichkeit für die Interessen des größeren
Theiles der Bevölkerung sich in einer officiellen Note aussprach. —
Bignon schien der Augenblick günstig, seine Pläne zu entwickeln.
Bei einer umfassenden organischen Einrichtung, und wenn sie noch
so trefflich und wohlthätig ist, kann es nicht fehlen, daß nicht ein-
zelne Personen, die ihre Erwartungen hoch spannten, und einzelne
Localitäten, die von den getroffenen Veränderungen berührt werden,

---

\*) Obige Angaben über die von Bignon mündlich gestellten Forderungen
und über die Erklärung des Erbgroßherzogs sind einem Schreiben desselben an den damaligen Großherzl. Minister der auswärtigen Angelegenheiten, Freiherrn von Edelsheim, vom 28. Januar 1810 entnommen.
Der Erbgroßherzog sagte darin: Il m'importe de justifier un pas
rétrograde, qui m'est proposé par la certitude, que c'est par
l'ordre exprès de S. M. l'Empereur et Roi que M. de Bignon doit
insister 1) sur l'éloignement de M. de Marschall de la place,
à la quelle il a été nommé par un rescrit signé du Grand-Duc
et de moi etc. Am Schlusse heißt es: La juste déférence qu'il
est dans mes intentions de témoigner pour celles de S. M. l'Empereur lorsqu'elles me seront transmises par une communication
non orale, mais constatée par écrit etc. — Der Erbgroßherzog
hatte schon früher die Zügel der Regierung, nach dem Wunsche seines lei-
denden Großvaters, mitergriffen und die Ernennung des Freiherrn von
Marschall so wie die Organisationsedicte genehmigt. Die Beschwerdeschrift
hatte ihre guten Gründe, dies zu verschweigen, und dagegen anzudeuten,
daß der Erbgroßherzog erst im Februar 1810 begonnen habe, an den wich
tigeren Staatsgeschäften Antheil zu nehmen.

sich verletzt fühlen. Daher waren wohl einzelne solcher Klagen, und was persönliche Interessen betrifft, ohne Zweifel hauptsächlich in der Residenz laut geworden, während das ganze Land in tiefster Ruhe blieb. *) Bignon hatte nun, da ihm schon ein Schein von herrschender Unzufriedenheit genügte, sogleich nichts versäumt, um durch seine Darstellungen den Kaiser zu reizen, die Gelegenheit wahrzunehmen, sein Protectorat geltend zu machen und sich eine deutsche Bevölkerung, wie er wähnte, zu verpflichten, insbesondere das Breisgau und die Pfalz; denn, wenn auch von der Oppression der Katholiken im Allgemeinen die Rede war, so kam man von französischer Seite doch immer auf diese beide Landestheile, in welchen ohngefähr ⅓ der katholischen Bevölkerung lebte, und auf ihre Hauptstädte, Mannheim und Freiburg zurück, die man ganz irrig als Centralpuncte einer der Regierung ungünstigen Meinung ansah. Der Protectionsact sollte mit großem Eclat geübt werden, daher mußte man den Kaiser gehörig aufzuregen suchen. Aus den Mittheilungen Champagny's, über eine Unterredung mit Napoleon, geht hervor, daß ihn insbesondere die Bestimmung erzürnt hatte, welche Freiherr von Hacke erhielt, um dem Freiherrn von Marschall Platz zu machen. Nachdem er von der Oppression der Katholiken und in ganz wunderlicher Weise von dem Ruine der Pfalz und des Breisgaues gesprochen, rief er mit ungewöhnlicher Heftigkeit aus: Wie kann man einen Minister mit starkem Gehalte nach Wien schicken, wo der badische Hof kein Interesse hat, und wenn er ein solches hätte, — hat er nicht unsere Vermittlung?**)

---

*) Im Ganzen genommen, und nur einzelne Localitäten abgerechnet, wurde die Lage aller Landestheile, aus welchen das Großherzogthum gebildet ward, wesentlich verbessert. Nur in Beziehung auf das Schuldenwesen wurden einzelne Landestheile, die keine oder nur wenig Schulden hatten, unvermeidlich benachtheiligt. In diesem Falle befanden sich aber weder Altbaden noch das Breisgau, und noch weniger die Pfalz, sondern nur das Bruchsalische und einige kleinere Bezirke, wie z. B. die Ortenau.

**) In einem gesandtschaftlichen Berichte referirte Worte aus einer mündlichen Mittheilung Champagny's über seine Unterredung mit dem Kaiser: Comment peut-on envoyer un ministre avec des forts appointements à Vienne, ou votre cour n'a aucun intérêt, et si elle en avait, n'a-t-elle pas notre intermédiaire? Tout se dirige avec des

Es scheint, daß diese Maßregel den Kaiser an seiner empfindlichsten
Seite getroffen, und gleichzeitig entbrannte er gegen den Markgrafen Ludwig, nachmaligen Großherzog, den er als in seinen politischen Gesinnungen sich zu Preußen hinneigend, nicht gerne im
Kriegswesen einen directen oder indirecten Einfluß üben sah.*) Es
half nichts, daß der Freiherr von Andlaw (der in wichtigen Aufträgen
des Großherzogs gerade zu Paris anwesend war) auf die nachdrück-
lichste Weise gegen Champagny das Benehmen seiner Regierung verthei-
digte, sie die mildeste und gerechteste aller Rheinbundstaaten nannte,
betheuernd, daß sie den Katholiken gegenüber weit entfernt bliebe,
die ihr gemachten peinlichen Vorwürfe zu verdienen, und daß er,
selbst Katholik und einer der größern Güterbesitzer, das Haus Baden
nicht nur seinen Nachbarn, sondern selbst Baiern vorziehe.**) Man
mochte denken, daß nur Pflichtgefühl in seiner dienstlichen Stellung
ihm diese Sprache leihe. Eben so fruchtlos blieben die Vorstellungen des Legationsraths Groos. Allein allmählig überzeugte man
sich dennoch von der Gehässigkeit der erhaltenen Nachrichten, und

---

petites passions et un esprit de parti. Il me dit (der Kaiser seinem Minister) tous cela avec une véhémence, qui lui n'est pas
ordinaire.

*) Der Kaiser schrieb hauptsächlich dem Einfluß des Markgrafen die An-
stellung mehrer aus fremden Diensten aufgenommener Officiere zu, die
noch vor Kurzem gegen Frankreich die Waffen getragen. Es waren dies
großentheils aus Preußen und Oestreich zurückgekehrte Badener. Der
Kaiser schloß aus jenen Anstellungen auf den Geist der Regierung;
(l'esprit qui règne aujourd'hui dans le gouvernement, sind die
Worte der französischen Note). Das eingetretene Mißtrauen that sich
bald darauf auch in einer Note über das Zeitungswesen, und später
durch das Verlangen, alle Freimaurer-Logen zu schließen, kund. So
wurde das, dem Fürst Primas ertheilte Versprechen Napoleons, sich nicht
in die innern Angelegenheiten der Rheinbundstaaten zu mischen, gehalten.

**) — que tout en professant cette religion et étant un des forts pro-
priétaires, je préférais la maison de Bade non seulement à ses
voisins mais même à la Bavière. (Gesandtschaftlicher Bericht.) —
Der Verfasser dieser Schrift, der bereits seit einem Jahre mit einer
Geschichte der Regierung und des Lebens Carls Friedrichs und mit der
Sammlung von Materialien für seine Arbeit beschäftigt ist, wozu ihm
die Großherzoglichen Archive durch die Gnade Seiner Königlichen Hoheit des Großherzogs geöffnet worden, glaubte, was er zu dem bezeichneten Zwecke erhoben, so weit es ihm dienlich schien, auch hier benutzen
zu dürfen.

daß für die Verfolgung der im Hintergrunde gelegenen Absichten Mittel und Gelegenheit schlecht gewählt worden. Man erhielt zu Carlsruhe den Wink, Bignon zu gewinnen zu suchen; solle aber nicht verzweifeln, wenn es nicht gelinge. Man machte solchen Versuch nicht.

Der Erbgroßherzog, welcher die Absichten Bignons, bei der Entfernung des Freiherrn von Marschall von dem Ministerium des Innern, durchschaut hatte, hatte geeilt, das Portefeuille dieses Ministeriums dem Freiherrn von Andlaw anzutragen, auf den es von dem französischen Gesandten keineswegs abgesehen war, von welchem man aber wußte, daß er das Wohlwollen Napoleons besaß.

Das Schreiben des Erbgroßherzogs vom 1. März, das die Beschwerdeschrift mittheilt, wird hier von Manchen (da nirgends die Spur einer Urschrift zu finden, und noch aus andern Gründen) für unächt gehalten. Wir wollen seine Aechtheit nicht in Zweifel ziehen, weil wir auch einen Unbekannten, der doch zuletzt erkannt werden dürfte, einer solchen argen Täuschung, ohne nähere directe Beweise nicht bezichtigen möchten. Aber eben so wenig bezweifeln wir, daß wenn jenes Schreiben von den verderblichen Principien des neuen Ministeriums und der Confusion spricht, die an der Tagesordnung sei, dies eine bittere Jronie war, welche den Berichten Bignon's galt. Wie konnte der Großherzog in dem nämlichen Augenblick, da er die von seinen Ministern gegründete Ordnung mit aller Anstrengung zu retten suchte, jene Worte ernstlich meinen? Als er gegen Ende März eine Reise nach Paris unternahm, fand er den Kaiser bereits weit milder gestimmt. Die speciellen Thatsachen, womit man allgemeine vage Beschuldigungen widerlegt, hatten, wie gesagt, zuletzt ihren Eindruck nicht verfehlt. Aber noch war die Intrigue nicht aufgegeben, welche Bignon's Candidaten durchzusetzen suchte, den wir aber keineswegs eigener ehrgeiziger Bestrebungen beschuldigen können und wollen, da wir hiervon nicht die mindeste Spur finden.*) Dalberg hatte den Freiherrn von Andlaw auf jede Weise abzuhalten gesucht, die ihm angebotene

---

*) Es war ein Mann von Geist und hoher Bildung, der aber, in einem Jrrthum befangen, den damals gar manche deutsche Staatsmänner theilten, sich sehr stark zu den herrschenden französischen Jdeen hinneigte.

Stelle anzunehmen\*), und nachdem letzterer sich schon hierzu bereit erklärt, den Kaiser, daß dies nicht zu erwarten stehe, noch versichert mit aller Wahrscheinlichkeit in der Hoffnung, der Kaiser werde den Minister, den Bignon wollte, selbst designiren. Man besorgte dies zu Carlsruhe, und deßhalb war dem Erbgroßherzog gerathen worden, in solchem Falle sogleich zu erklären, daß er bereits einen andern Katholiken (Geheimerath v. Baner in Freiburg) ernannt habe.

Freiherr von Andlaw brachte ein Opfer, indem er das Ministerium annahm, weil ihm andernfalls die Gesandtschaft zu Paris wohl nicht gefehlt hätte. Daran, daß der Minister von Marschall zu hatton wäre, durfte, nachdem ohnehin die Sache einmal so weit gekommen, nicht gedacht werden. Er besaß eine Unabhängigkeit des Charakters, die sich mit den damaligen traurigen Verhältnissen nicht vertrug, und bei dem schärfsten Verstande fehlte ihm jener Instinct der Schlauheit, welcher, wie Arndt sich ausdrückt, wo es auf persönliche Sicherheit ankömmt, die Dümmsten gerade am wenigsten verläßt. Seine unerschütterliche Festigkeit, seine Geradheit und Offenheit, seine moralische Strenge, die ihn auch jeden Schein einer gegen seine redliche Ueberzeugung streitenden Concession vermeiden ließ, waren, wenn er, bei seinen politischen Gesinnungen und ganz deutscher Art und Weise, auf seiner Stelle sich behaupten wollte, Bignon gegenüber eben so viele Fehler. Obwohl die Katholiken gerade in seinem Ministerium, auf dessen Besetzung er wohl einen vorzüglichen Einfluß hatte, am meisten begünstigt waren, so richtete sich dennoch der Hauptangriff gegen seine Person, da man wußte, daß der Freiherr von Reitzenstein\*\*) entschlossen war, mit ihm zu stehen oder mit ihm abzutreten. Der Freiherr von Marschall fiel nicht

---

\*) Der Erbgroßherzog versicherte in einem Schreiben an den Minister Freiherr von Reitzenstein vom 9. April, daß ihm dies Andlaw selbst gesagt, indem er die Worte gebrauchte, daß Dalberg alle gedenkbare Mittel dazu angewendet habe (a employé tous les moyens imaginables pour l'en détourner).

\*\*) Ein gesandtschaftlicher Bericht enthält die Worte: L'Empereur n'a rien personellement contre Mr. de Reitzenstein. Hiermit läßt sich gar wohl vereinigen, was uns versichert worden, daß sich nämlich Napoleon über ihn bestimmter dahin ausgesprochen habe: qu'il le regardoit comme un homme d'honneur, mais qu'il ne convenoit pas à sa politique, qu'il restât à la tête des affaires.

deshalb, weil er die Katholiken bei Besetzung der Aemter zurückgesetzt, sondern nur deshalb, weil er, obwohl er seine Wahl ausschließlich seinem eminenten administrativen Talente zu danken hatte, an die
Stelle eines Ministers katholischer Religion getreten war, von dem man
Gleiches, was man auch sonst von ihm rühmen mochte, nicht sagen
konnte. Uebersieht man den ganzen Zusammenhang der Sache, so
findet man darin nicht den Beweis einer gegen Katholiken wegen
ihrer Religionseigenschaft verübten Feindseligkeit, sondern vielmehr
lediglich einen Fall, in welchem die Religionseigenschaft zum Vorwande diente, einen protestantischen Minister von seinem Amte,
dem er in vorzüglichem Maaße gewachsen war, zu verdrängen.

Uebrigens blieb der Minister noch geraume Zeit (bis gegen den
December 1810) an seiner Stelle, und es war weder damals noch
später die Rede davon, eine Theilung der Staatsämter in der Art und
Weise vorzunehmen, wie die französische Note verlangte. Wenn sie
die Forderung stellte, daß jede Collegialstelle die gleiche Zahl katholische und protestantische Mitglieder erhalte, so war wohl dieser Gedanke aus der Periode der Geschichte der Hugenotten=Kriege ge-
schöpft, welche bis zur gänzlichen Unterdrückung dieser Religionspartei, in der Regel mit einem Vertrage endigte, in welchem die Bedingung der Chambres-mi-parties nie fehlte. In Baden bestand diese
Regel nur bei dem Oberhofgericht. Der Vollzug der französischen,
durch gehässige Verläumdungen hervorgerufenen, Forderung hätte die
Katholiken des Landes, statt in vermeintlich verletzte Rechte einzu-
setzen, ungemein benachtheiligt. Sie lebten gerne in der Art von
Sclaverei fort, die ihnen unter der Großherzoglichen Regierung
zum Loose gefallen war. Man hatte zu Paris angezeigt, daß von
allen hohen Staatsbeamten, Ministern, Vorständen und Räthen der
Ministerien, ihrer Sectionen und der Landescollegien 52 Protestanten und 78 Katholiken wären, von den 81 Bezirksbeamten aber (die
zweiten und dritten Beamten, wie aus diesen Zahlen hervorgeht,
nicht mitgerechnet) 17 der protestantischen und 64 der katholischen
Religion angehörten. Aus diesem Grunde stand man beschämt von
dem Vollzuge der verlangten Maßregel ab. Auch die Organisation
wurde gerettet. Um dem Ruine der Pfalz und des Breisgaues vorzu-
beugen und um, wie der Kaiser ausdrücklich verlangt hatte, die Städte
Mannheim und Freiburg zufrieden zu stellen, mußte die fast ganz
katholische Stadt Bruchsal der halbtheilig gemischten Stadt

Mannheim das Oberhofgericht, wie bereits bemerkt, abtreten, und wurden eine Anzahl Oberrechnungs-Räthe nach Freiburg versetzt. Dies war das Resultat des erhobenen gewaltigen Lärms. Der Freiherr von Reitzenstein zog sich freiwillig zurück. Bignon aber machte keine weitere Organisationsversuche und nach einer Anzahl Jahre wandte sich sein Candidat, den er im Interesse der katholischen Religion für das Ministerium des Innern ausersehen hatte, aus innerer Ueberzeugung dem Protestantismus zu.

Wer wird, wenn er die unerhörten Beschuldigungen der französischen Note vom 12. Februar 1810 mit der Evidenz der Thatsachen vergleicht, und auf die ganze übermüthige Haltung des Proconsuls zurückblickt, nicht mit dem gerechtesten Unwillen erfüllt und in seinen Nationalgefühlen auf's Empfindlichste verletzt? Aber, wie viel tiefer muß nicht das vaterländische und das moralische Gefühl, durch das Benehmen des Verfassers der Beschwerdeschrift aufgeregt werden. Wenn jener schlechte Mittel gebrauchte, so verfolgte er dennoch einen Zweck, den er in seinem blinden Eifer, den französischen Einfluß überall geltend zu machen, für einen guten, seinem Vaterlande frommenden, — ja, in seinen französischen Vorurtheilen befangen, — vielleicht selbst für einen, die Opfer seiner Politik beglückenden hielt. Aber der Beschwerdeführer benutzt eine längst verschollene verläumberische Anklage gegen seine Regierung, indem er darauf hinweist, als auf ein Wahrzeichen ihrer Schuld, als eine von einem großen Manne gestempelte Urkunde über ihre schon vor 30 Jahren genährte feindselige Gesinnung gegen die Katholiken, um diese desto geneigter zu machen, seinen neuen Anschuldigungen ihr Ohr und Glauben zu schenken, und seinem ganzen Angriff gegen die Regierung von vorne herein eine feste Grundlage zu geben. Hier sind Zweck und Mittel gleich verwerflich.

Kehren wir zur Erzählung der Thatsachen zurück. Freiherr von Andlaw, der die ihm angetragene Stelle nicht gesucht, übernahm sie (im December 1810) nicht mit besonderer Freude und bekleidete sie mit Unlust. Daß auch ihm die Zudringlichkeit des französischen Gesandten und die damaligen critischen Zeitverhältnisse gar manche Unannehmlichkeiten bereiteten, wird man ohne unsere Versicherung glauben. Die von dem abgetretenen Ministerium gegründete Ordnung in der Verfassung und Verwaltung des Landes ließ er im Wesentlichen ganz unverändert bestehen. Jedenfalls war keine aus seinem Verlangen einer Abänderung entsprungene und bestrittene Frage, die ihn zu seinem Rücktritte bestimmte. Im Gegentheil soll eine von anderer Seite gewünschte Abänderung Stoff zu Discussionen gegeben haben. Daß ihn aber im Frühjahr 1813 die Umtriebe einer protestantischen Partei zu diesem Entschlusse gebracht, wie die Beschwerdeschrift behauptet, ist eine reine Erdichtung. Seine Klagen bezogen sich auf ganz andere Verhältnisse.\*) Der Großherzog, welcher ihm nicht selbst eine minder hohe Stelle, als die er bekleidete, antragen konnte, willfahrte seinem Wunsche, indem er ihm unter reelle Anerkennung seiner geleisteten Dienste in seine frühere Function als Hofrichter zu Freiburg zurückzukehren gestattete. Uns ist nie das mindeste von Reibungen zwischen ihm und einer protestantischen Partei bekannt geworden; seine strenge Rechtlichkeit und die Urbanität seines Benehmens gaben hiezu keinen Anlaß, sondern erwarben ihm vielmehr allgemein das Vertrauen und die Achtung seiner nächsten Umgebungen, wie des Publicums. Wenn die Beschwerdeschrift versichert, daß der Sturz Napoleons die protestantische Partei von allen weitern Besorgnissen befreite, so galt dies von allen wohlgesinnten Protestanten, aber in ganz gleicher Weise auch von den Katholiken, und gewiß in vollem Maaße insbesondere von dem Freiherrn von Andlaw, welcher geraume Zeit, ehe der Sturz Napoleons entschieden war, seine Stelle verlassen hatte.

Die Beschwerdeschrift weiß übrigens keine einzige Thatsache anzuführen, welche ihrer Behauptung, daß der Minister von Andlaw von einer protestantischen Partei angefeindet worden, zur Stütze dienen könnte. Wie an so vielen andern Stellen, erzählt sie Dinge, die nach ihrer eigenen Darstellung nur Katholiken belasten, und knüpft dann daran vage Beschuldigungen gegen die „protestantische Regierung". Sie spricht zwar, um ihre Angabe zu bekräftigen, von Schwierigkeiten, in welche die, der katholischen Gemeinde zu Carlsruhe ertheilten Rechte ihre Pfarrer verwickelte, und von der Versetzung der beiden ersten Pfarrer auf andere Stellen. Die erste Versetzung soll dem Vernehmen nach durch Zerwürfnisse des Geistlichen mit seiner Pfarrgemeinde ver-

---

\*) Die nähern Umstände sind hier noch vielen Personen bekannt. Von der Eingabe des Freiherrn von Andlaw, welche die Beschwerdeschrift mittheilt, findet sich nirgend eine Spur. Hat für eine solche Eingabe sich ein Concept irgendwo vorgefunden, so ist dasselbe wohl nur ein Entwurf geblieben.

anlaßt worden fein. Die Veranlassung der andern, der Versetzung
des Pfarrers Dereser gibt sie an, indem sie erzählt, daß am 1. Juli
1811 ein feierlicher Trauergottesdienst für den verstorbenen Großherzog Carl Friedrich durch den Fürstbischof von Vasel, und von
Dereser im Beisein des Hofes und der höchsten Staatsbeamten eine
Rede gehalten worden sei, die großen Unwillen hervorgebracht. Dereser habe nämlich gezeigt, wie unduldsam früher (zur Zeit der allgemeinen Intoleranz) die Katholiken in Baden-Durlach behandelt
worden, und wie ärmlich selbst nach Erwerbung der katholischen
Markgraffchaft die Anfänge ihres Kirchenwesens (wofür, wie wir
im Abschnitt 1. 2. gesehen, der Pabst Clemens XIII. seinen Dank
ausgedrückt hatte) gewesen, bis Carl Friedrichs Wohlwollen ihnen
zu Hülfe gekommen, für welchen daher auch die Katholiken ein
Todtenamt halten könnten. Habe in dieser ungeeigneten Rede schon
die Erwähnung der Intoleranz die Protestanten beleidigt, so hätten
sie noch mehr über den Vorwand des geheimen Katholicismus ihres
Fürsten aufgebracht werden müssen, und damit hätten auch viele Katholiken eingestimmt, die ärmere Classe aus Furcht ihren Verdienst
zu verlieren. Dereser sei um das Vertrauen der Gemeinde gekommen
und schon des andern Tags nach Rastadt „gebracht" worden. Der
Minister von Andlaw habe vorgeschlagen, ihn als Lehrer der orien-
talischen Sprachen nach Constanz zu versetzen, wogegen der Kreisdirector Hofer protestirt, weil Dereser in seiner Vernehmung „eine
an's Verrückte grenzende Verstocktheit" gezeigt habe, die ihn
zum Jugendunterricht durchaus untauglich mache. Nachdem hierauf
der Großherzog den Minister beauftragt, der Geschichte auf irgend
eine Art ein Ende zu machen, sey Dereser nach Constanz versetzt
worden, habe aber die dortige Stelle nicht angenommen und sich
nach Luzern gewendet. Die Beschwerdeschrift schließt ihre Erzählung
mit den Worten: „Man begreift, wie unter solchen Wirren der
Minister von Andlaw als Katholik und vermeintlicher Schützling
Napoleons angefeindet wurde; er begehrte mehrmals seine Entlassung und erhielt sie zu einer Zeit (1813), wo der Kaiser anderwärts
beschäftigt war und sein baldiger Sturz die protestantische Regierungs-
partei jeder weitern Furcht überhob.

Wir begreifen alles, nur nicht, wie man aus dieser ganzen
Geschichte eine Anklage gegen die Regierung schmieden könne, oder
daraus die damalige Existenz einer protestantischen Regierungs-

partei, oder eine Anfeindung des Ministers von Andlaw, von irgend einer Seite her, hervorgehen solle. War es den Grundsätzen des katholischen Cultus nicht angemessen, für einen Bekenner des evangelisch protestantischen Glaubens ein Todtenamt zu halten, so traf der Vorwurf die katholischen Geistlichen, welche ohne alle Widerrede den Trauergottesdienst in der bezeichneten Weise angeordnet hatten.

War es unbillig oder ungerecht, den Pfarrer Dereser von seiner Pfarrei zu entfernen, so traf der Vorwurf lediglich den katholischen Minister, der selbst den Antrag hierauf gestellt, und in dessen Hand der Großherzog die endliche Entscheidung der Sache gelegt hatte.

War es ungebührlich, den Pfarrer Dereser einer ans „Verrückte grenzenden Verstocktheit" zu beschuldigen, so traf wiederum der Vorwurf keine protestantische Partei, sondern einen Staatsbeamten, welcher bekanntlich der katholischen Confession angehörte.

Den Protestanten that der Vorfall allerdings leid, und sie durften wünschen, daß die Abhaltung des Todtenamtes lieber unterblieben, als von einer solchen Rede begleitet worden wäre. Aber den Minister von Andlaw konnten sie deßhalb nicht anfeinden. Das lebhaftere Gefühl, das sie bei dem Vorfall beherrschte, war vielmehr die herzliche Theilnahme an dem Schmerz, den in ihren katholischen Mitbürgern das Benehmen ihres Pfarrers erregt hatte, und der sich auf die unzweideutigste Weise unter der ganzen katholischen Bevölkerung der Stadt laut aussprach. Seine eigene Glaubensgenossen waren um so unwilliger über ihn, weil ihm sonst ein zelotischer Eifer ganz fremd, und er als ein sehr intelligenter Mann bekannt war, der Grund seines Benehmens daher lediglich in einer Anwandlung jener Eitelkeit gesucht wurde, die sonst nur beschränkte Köpfe stachelt, eine freie Stellung zu benutzen, um sich wichtig zu machen, und den Großen und Mächtigen auch einmal etwas ins Gesicht zu sagen, was sie nicht gerne hören.

----

## 4.

### Kirchenverwaltung und Verhandlungen darüber.

Einen allgemeinen Widerspruch haben wir der, in diesem Abschnitte auch nur im Allgemeinen aufgestellten Behauptung entgegen

zu setzen, daß die Eingriffe der Staatsgewalt in das Kirchenwesen
in dieser Periode bei der zerstückelten Lage der Diöcesen und der
Unthätigkeit der aiten Bischöfe, und in Folge der Auflösung des
Reichsverbandes immer größer geworden sei, in so ferne damit angedeutet werden wollte, daß der Staat seine Befugnisse überschritten
habe. Die alte Umschreibung der Diöcesen war allerdings den eingetretenen politischen Verhältnissen nicht entsprechend. Das Großherzogthum
umfaßte Bestandtheile von sechs Diöcesen, nämlich von Constanz,
Straßburg, Speier, Würzburg, Mainz und Worms. Die diesseitigen
tigen Theile der Diöcese Straßburg wurden nach der Secularisation mit Constanz vereinigt, und nach dem Tode des Fürstbischofs
von Würzburg 1808 der im Großherzogthum gelegene Theil seiner
Diöcese dem Vicariat zu Bruchsal zugewiesen.

Mannigfaltige Veränderungen ergaben sich nun freilich in
Folge der eingetretenen Ereignisse. In den geistlichen Gebieten,
in welchen die Regenten nach Belieben den Wirkungskreis ihrer geistlichen und weltlichen Behörden ziehen konnten, mußte nach der Secularisation eine Abgrenzung nach allgemeinen, für alle Landestheile
geltenden Regeln getroffen werden. Die Auflösung des deutschen
Reiches setzte die Großherzogliche Regierung in den vollen Besitz
der Kirchenhoheit ein, ohne jedoch, was die Regierung gar wohl
beachtete, die Natur und den Umfang der darin begriffenen Rechte
des Staats, der Kirche gegenüber, im Wesentlichen zu verändern.
Es hörte nur die Unterordnung unter die Gewalt und die Gesetze
des Reiches auf, und was in den Befugnissen der Reichsgewalt und
der Landeshoheit lag, ging nunmehr vereinigt auf den Regenten des
unabhängig gewordenen Staats, in Bezug auf die Kirchen seines
Gebietes, über. Die Beschwerdeschrift führt, wie gesagt, keine
specielle Thatsache an, um darzuthun, daß die Großherzogliche
Regierung die Grenzen jener Befugnisse überschritten habe. Die
allgemeine grundlose Beschuldigung trifft vorzüglich die Behörde, welcher die Regierung „die Verwaltung alter Staatsrechte in Kirchen-
und (später ausgeschiedenen) Schulsachen," so weit sie — wie das
Gesetz sich ausdrückt — dem „Landesherrlichen Amte anhängen,"
übertragen hatte. Anfänglich (seit 1803) war dieß die zu Bruchsal bestandene katholische Kirchen-Commission, an deren Stelle
mit erweiterten Befugnissen und am Sitze der Regierung, das
tholische Kirchendepartement, und später unter wenig veränder-

ter Bestimmung ihres Gesichtskreises die gegenwärtig bestehende
katholische Kirchensection trat. Unter allen organischen Veränderungen, welche diese Behörde erlitt, wurde stets der Grundsatz beobachtet, daß zu Vorständen, Räthen und Kanzleibeamten nur Katholiken ernannt, und unter den Räthen wenigstens zwei Geistliche sich
befinden sollten. Sie zählte aber früher in der Regel drei geistliche
Mitglieder. Wenn die Beschwerdeschrift beklagt, daß die früher
bestandene Ministerialconferenz, welche alle auf die Aufrechthaltung
der Kirchenverfassung und des Kirchenguts bezüglichen, der Entschei-
bung des Regenten unterliegenden, Gegenstände zum Vortrag vorbereiten sollte, später aufgehoben wurde, so waren jene Conferenzen
nur so lange geboten, als nicht die katholische Kirchenbehörde einen
erweiterten Wirkungskreis erhielt und dem Ministerium des Innern
attachirt wurde. Wir haben nun in der Einleitung bereits im Allgemeinen angedeutet, wie wenig die „protestantische Regierung"
ein Vorwurf treffen könnte, wenn ihre wohlgemeinte organische Einrichtung für die katholische Kirche sich nicht heilsam erwiesen, und welche
gewichtigen Umstände schon von vorne herein zu der Annahme be-
rechtigen, daß die Angriffe gegen die Kirchensection und ihre Vor-
gängerin lediglich aus Parteiansichten entspringen. Specielle auf
Thatsachen gegründete Beschuldigungen werden wir unter den
einzelnen Abschnitten, wo wir sie finden, überall beleuchten.
Hier finden wir nur Ausfälle auf die verstorbenen geistlichen
Räthe Brunner und Häberlin; jener habe als Illuminat wegwerfender
Aufklärerei gehuldigt, dieser habe sich gegen die Errichtung von Seminarien und Convicten erklärt, und sey als Gegner des Cölibats aufgetreten.
Die gegen Brunner vorgebrachte vage Beschuldigung hat den gleichen Werth, wie jene des Jesuitismus, des Ultramontanismus und
des Fanatismus, die man von anderer Seite freigebig spendet. Seine
Verdienste um das Schulwesen erkennt die Beschwerdeschrift selbst
an, und seiner Kirche hat er mannigfaltige Dienste geleistet, welche
noch in dankbarer Erinnerung stehen. Die Ansichten, die Häberlin
vom Cölibate hegte, hat die Großherzogliche Regierung nicht zu
verantworten. Daß minder günstige Urtheile über dieses Institut selbst
zur Bekleidung hoher Kirchenämter nicht unfähig machen, ist eine
bekannte Sache; sie können daher um so weniger von der Kirchensection ausschließen, in so ferne es sich nicht um ein Mehreres,
nämlich um ungeeignete Bestrebungen und Aeußerungen handelt, die

Aergerniß herbeizuführen drohen. Daß aber Solches dem Beschuldigten zur Last gefallen, ist uns gänzlich unbekannt, und behauptet auch die Beschwerdeschrift nicht. Er war ein Mann von ausgezeichneter Gelehrsamkeit, und würde im Gebiete des theologischen Wissens schon deshalb in jeder rein kirchlichen Behörde sich Achtung verschafft haben, wenn seine Ansichten über manche streitige Fragen von den Angehörigen der strengen Schule auch nicht getheilt worden wären. Uebrigens kommt es nicht darauf an, welche Meinung dem einen oder andern Mitglied der Kirchensection über diese oder jene Frage inwohnte, sondern die Frage ist: welche Handlungen und Anträge der Kirchen - Commission, des Kirchendepartements und der Section, die in der Periode von 1803 — 1817 nicht weniger als 6 (bis 1840 aber nicht weniger als 16) geistliche Räthe und eine weit größere Anzahl weltlicher Mitglieder, nach der Reihe zählten, unterliegen einem gerechten Tadel, und was hat die Regierung wirklich gethan, um einen solchen zu verdienen? davon hören wir nichts. Was aber die Beschwerdeschrift von einem Gutachten der Studiencommission vom 15. November 1809 sagt, betrifft wiederum nur eine Meinung eines katholischen Staatsbeamten und einer Behörde, deren Vorstand ebenfalls der katholischen Religion angehörte. Da die Regierung den Inhalt jenes Gutachtens, das die Erziehung der katholischen Theologen, als einen blos geduldeten Kirchenzweck bezeichnete, und alle Erziehungs= und Bildungsversuche, so lange das Cölibat bestehe, für Palliativcuren erklärte, keineswegs billigte, vielmehr der aufgestellten Ansicht in Bezug auf die Seminarien, durch ihre Handlungen widersprach, so hat der Verfasser der Beschwerdeschrift, der diese Ansicht eine Einfältigkeit und eine Verhöhnung der Kirchenrechte der Katholiken nennt, es auch hier nicht mit der „protestantischen Regierung," sondern nur mit einzelnen Angehörigen seiner Confession zu thun.

# Zweite Periode.

## Unterhandlungen zur Gründung des Erzbisthums Freiburg 1818 bis 21. October 1827.

## 1.

### Die Verwaltung des erledigten Bisthums Constanz.

Der Freiherr von Wessenberg, den der Erzbischof Dalberg, als Bischoff zu Constanz, schon seit einer Reihe von Jahren zu seinem Generalvicar bestellt hatte, wurde von ihm bekanntlich im Jahre 1815 als Coadjutor in der Verwaltung jenes Bisthums angenommen. Dies geschah auf das Ansinnen des Großherzogs Carl, der, gestützt auf den Reichsdeputationsreceß, dem Freiherrn von Wessenberg die Nachfolge in das Bisthum Constanz zuzusichern, sich, vorbehaltlich der kirchlichen Gutheißung, für berechtigt hielt, und diese für seinen Coadjutor zu erwirken dem Fürsten Primas überließ. Weder eine Bestätigung noch eine Erklärung, daß sie aus gültigen Gründen nicht ertheilt werden könne, war so wenig der Regierung wie dem Freiherr von Wessenberg und dem Domkapitel bekannt geworden, als der Tod des Fürsten Primas (10. Februar 1817) erfolgte. Nachdem hierauf die Kapitularen des ehemaligen Domcapitels den Freiherrn von Wessenberg zum Capitelsvicar erwählt und diese Wahl dem heiligen Stuhl angezeigt hatten, erließ die römische Curie jenes Breve vom 15. März 1817, wodurch sie den Gewählten unter allgemeiner Berufung auf hochwichtige Gründe verwarf, und welches sofort den Anstoß zu den bekannten Verhandlungen zwischen der Großherzoglichen Regierung und dem Römischen Hofe über die Nachfolge des Freiherrn von Wessenberg in das Bisthum Constanz gab. Als die von dem Großherzog genehmigten Versuche des Freiherrn von Wessenberg, die erhobenen Anstände durch persönliche Verhandlungen in Rom zu beseitigen, erfolglos geblieben waren, fand die Großherzogl. Regierung für gut, eine Denkschrift über das Verfahren des römischen Hofes zu veröffentlichen, welche nun dem Verfasser der Beschwerdeschrift den Stoff zu einer bittern Anklage darbietet.

Wir bleiben weit entfernt, einen durch spätere Ereignisse gänzlich bei Seite gelegten polemischen Stoff, wieder aufzuwühlen, und die Streitfragen, auf welche die berührten Verhandlungen führten, nochmals erörtern zu wollen. Zur Würdigung der hier vorliegenden Anklage bedarf es einer solchen Erörterung nicht. Auch die Beschwerdeschrift hat sich ihrer enthalten; sie hätte aber besser gethan, sich auf die erzählten Thatsachen zu beschränken, statt in ihre Erzählung gehässige Vorwürfe zu weben. Sie beschuldigt die Großherzogliche Regierung, die Denkschrift vertheilt zu haben, in der Absicht, durch diesen Schritt die übrigen deutschen Staaten zu gemeinschaftlichen Verhandlungen zu bewegen, und in der Voraussetzung, darin durch eine allgemeine katholische Opppsition gegen den Pabst kräftig unterstützt zu werden." „Das war" meint sie, „ein Staatsfehler, verschuldet durch eine beschränkte protestantische Ansicht." — Sie frägt: „war es im Hinblick auf die Selbsterhaltung klug, war es in politischer Beziehung würdig, die untern Kräfte zum Beistand in dem Kampfe gegen die kirchliche Autorität aufzuregen und herbeizurufen? Wenn aber die Katholiken diesen Beistand verweigerten, wie dann? Durfte man ihre Anhänglichkeit an das Kirchenoberhaupt als revolutionär behandeln?" u. s. f. Weiter sagt sie: „Diesen Schritten der Regierung mußten daher Mißtrauen und Entrüstung der Katholiken folgen, und zeigten sich auch deutlich genug." —

Daß die Großherzogliche Regierung die Absicht hatte, durch ihre Denkschrift die übrigen deutschen Staaten zu gemeinschaftlichen Verhandlungen zu bewegen, ist wahr. Sie hat diese Absicht zum eigenen Vortheil des römischen Hofs erreicht und schon darum sollte man ihren Schritt nicht tadeln.

Daß sie die Absicht hatte die untern Kräfte zum Beistand in dem Kampfe gegen die kirchliche Autorität aufzuregen und herbei zu rufen, ist eine häßliche Verläumbung. Die katholische Opposition war schon da, sie war eine von der Beschwerdeschrift selbst aner= kannte Thatsache. Lange ehe man von den Gesinnungen der römi= schen Curie gegen den Generalvicar Freiherrn von Wessenberg das Mindeste wußte, hatten demselben die schönen Eigenschaften seines Geistes und Herzens die allgemeine Achtung des Publikums und die Verwaltung seines Amtes die Liebe der Geistlichen und Laien seines Kirchensprengels erworben. Schon damals war in den weitesten Kreisen der katholischen Kirche unsres, wie der benachbar= ten Länder die Meinung, daß ihm die Ernennung zum Landesbischof nicht fehlen könne, und der Wunsch, daß sie erfolgen möge, allge= mein verbreitet. Das bekannt gewordene Breve vom 15. Merz 1817 wirkte auf unzählige katholische Gemüther wie ein Donner= schlag aus heiterm Himmel. Die Regierung hatte dem Freiherrn von Wessenberg, der das Vertrauen des Fürsten Primas in unbe= schränktem Maaße besaß, die Nachfolge, so weit sie von ihr abhieng, zugesagt, sie war ihm und sich schuldig, alle in ihren Befugnißen liegenden Mittel anzuwenden, um ihrem Worte seine Wirkung zu verschaffen, so lange sie sich nicht überzeugen konnte, entweder, daß nach canonischen Gesetzen wohlgegründete Hindernisse sich entgegen setzen, oder daß ihr, wie dem Freiherrn von Wessenberg, höhere Rück= sichten auf den Frieden der Kirche den Verzicht auf den Vollzug jener Zusage gebieten. Sie war dieß auch den laut gewordenen Wünschen einer zahlreichen katholischen Bevölkerung schuldig. Welche Meinung man über die, gegen die Nachfolge des Freiherrn von Wessenberg in das Bisthum Constanz erhobene Schwierigkeiten haben mag, die Thatsache, daß eine nahmhafte katholische Bevölkerung des Landes, Geistliche und Laien, namentlich in dem weiten Bezirke, in welchem er als Generalvicar und Bisthumsverweser gewirkt hatte, nichts sehnlicher wünschten, nichts gewisser erwarteten, als daß die Regierung auf ihrem Verlangen standhaft beharre, — diese That= sache wird Niemand in Abrede ziehen. Gibt doch die Beschwerde= schrift selbst an, daß sich noch vor dem Erscheinen der Denkschrift, nehmlich während der Anwesenheit des Freiherrn von Wessen= berg zu Rom, nicht weniger, als 42 Landdechanten und andere Geistliche des Oberlandes für seine Person und Grundsätze beifäl= lig erklärten. Diese Thatsache wird nicht widerlegt durch den Um= stand, daß nach dem Erscheinen der Denkschrift sich im Lande auch

Stimmen gegen Herrn von Weſſenberg vernehmen ließen. Hierin
findet die Beſchwerdeſchrift ein Zeichen der Entrüſtung und des
Mißtrauens, welche die öffentliche Erklärung der Regierung unter
den Katholiken hervorgebracht habe. Betrachtet man dieſe Zeichen
näher, ſo ſind es einige Flugſchriften und ein gedrucktes Blättchen,
vier Fragen eines Ungenannten, auf welche die Beſchwerdeſchrift, als die Urſache einer großen im Oberlande angeblich ent-
ſtandenen Bewegung ein beſonderes Gewicht legt. Sie wurden im
Frühling 1819 in Umlauf geſetzt, um die Pfarrer aufzufodern, zu
erklären, ob ſie einen Biſchof wollten, den der Pabſt verworfen habe,
und ob die Geiſtlichkeit und das Volk, ſich dabei beruhigen könnten,
daß Freiherr von Weſſenberg fortfahre, als Biſthumverweſer zu
handeln. Welchen Effect jene Flugſchriften und die vier Fragen,
die, wie die Beſchwerdeſchrift meint, von dem ehemaligen Abte von
St. Peter, J. Speckle, herrührten, im Oberlande hervorbrachten,
und wie die dadurch herbeigeführte Bewegung beſchaffen war, zeigte
ſich ganz klar, als die Biſthums-Angelegenheit in der zweiten Kammer der Landſtände zur Sprache kam. Auf die Frage aber, ob die
Geiſtlichkeit und das Volk ſich bei der fortdauernden Verwaltung
des Freiherrn von Weſſenberg beruhigen dürften, antworteten Volk
und Geiſtlichkeit auf eine Weiſe, die nicht entſchiedener jene Frage
bejahen konnte. Ihre durchaus ruhige Haltung, deren Bedeutung
die nach einigen Jahren erfolgte Abſtimmung der Landdechanten über
den zu deſignirenden Erzbiſchoff ganz klar machte, war die wohlthätige Frucht der Denkſchrift. Sie gab den ungemein zahlreichen
Freunden und Anhängern des Freiherrn von Weſſenberg die Ueberzeugung, daß die Regierung eifrig befliſſen ſey, die Verhandlungen
zu dem erwünſchten Ziel zu führen, und daß daher, wenn dieß nicht
gelinge, der Grund nicht in der Indolenz oder Indifferenz der
Regierung, ſondern in nicht zu beſeitigenden Schwierigkeiten liege
und man ſich alsdann beruhigen müſſe. Wir können wohl den Be-
ſchwerdeführer nicht beſſer zur Anerkennung der gänzlichen Grund-
loſigkeit ſeiner Anklage zwingen, als wenn wir ihn erſuchen, die
Denkſchrift lediglich unter ihrem wahren Geſichtspunkte, nehmlich als
eine Allocution der Regierung an die Geiſtlichkeit und das Volk zu
betrachten, in der ſie ſich ſelbſt, wie dem Freiherrn von Weſſenberg,
dem ſie durch ihr Wort ſich verpflichtet hatte, Genüge that, und
den Katholiken des Landes die ſo eben bezeichnete Beruhigung zu

gewähren suchte. Wir gestehen übrigens, daß so wenig uns auch
der gegen die Großherzogliche Regierung ausgesprochene Tadel gegründet erscheint, wir nach den Ansichten, die wir über solche Ver-
öffentlichungen überhaupt hegen, eben so wenig einen Tadel ausgesprochen haben würden, wenn die Ausgabe einer Denkschrift unterblieben wäre.

Unsere Aufgabe ist, wie bereits gesagt, nicht, die Beschuldigungen, welche gegen den Freiherrn von Wessenberg erhoben
wurden, und deren nähere Erörterungen die Beschwerdeschrift selbst
unterläßt, hier zu beleuchten. Aber unbemerkt dürfen wir nicht lassen, daß das Ziel seiner persönlichen Verhandlungen um so schwerer
zu erreichen war, weil dabei zugleich Grundsätze in Frage standen,
über die er sich nicht aussprechen konnte, ohne seine Stellung der
Curie oder der Regierung gegenüber zu verderben. Sein offener,
biederer, unabhängiger Character verschmähte aber alle Künste jener
Schlauheit, die durch geschickte Wendungen und Ausflüchte sich zu
helfen sucht, und noch mehr die Kunst, nach entgegengesetzten Seiten
hin so lange, als es Noth thut, im Stillen sich geschmeidig zu zeigen,
bis der Augenblick kommt, so man gefahrlos die äußere schillernde
Haut abstreifen zu können glaubt. Nie würde man von ihm, wenn
er seinen Zweck erreicht hätte, haben sagen können, daß er auf dem
Wege zu dem erzbischöflichen Stuhle ein Anderer gewesen als auf
dem Stuhle. Eben so wenig möchten wir mit der Beschwerdeschrift
sagen, daß er unversöhnt von Rom scheidend, das Ziel seines Lebens
verlor, denn das schönste Ziel seines Lebens hat der nicht verloren
welcher, wie er, die ganze Spannkraft seiner Seele auch unter äußern Widerwärtigkeiten zu bewahren weiß. Daß er von seinem
Begleiter (Burg), wie vielfältig behauptet wird, getäuscht worden,
ist uns, nach allem, was wir aus den besten Quellen erfahren
konnten, nicht glaublich. An fortdauernden geheimen Anfeindungen
und selbst abentheuerlichen (in den Verhandlungen nicht zur Sprache
gekommenen) verläumderischen Beschuldigungen vom Rhein her, fehlte
es nicht, und in Rom, wie anderwärts, heißt es: semper aliquid
haeret. Dazu kamen noch Zufälle, die auf seine Lage nicht ohne
Einfluß blieben.

## 2.

### Verhandlungen mit Rom.

Die Denkschrift der Großherzoglichen Regierung hatte zur Folge, daß im Jahre 1818 Bevollmächtigte von Würtemberg, Baden, den beiden Hessen und Nassau und mehren anderen Bundesstaaten zusammen traten, um sich über gemeinschaftliche Grundsätze in Bezug auf die kirchlichen Verhältnisse zu verständigen. Man vereinigte sich über eine Grundlage zur Verhandlung mit dem päbstlichen Stuhle. Im Jahre 1819, nachdem Großherzog Ludwig bereits im Dezember 1818 die Regierung angetreten hatte, wurde von Würtemberg, Baden, Hessendarmstadt und Nassau eine Gesandtschaft nach Rom abgeordnet, um auf jene Grundlage (die bekannte Declaration) in Unterhandlungen mit dem heiligen Stuhle zu treten. Würtemberg ernannte den Freiherrn Schmitz von Grollenburg, welcher der katholischen, Baden den Freiherrn von Türkheim, welcher der protestantischen Religion angehörte. Ueber die Grundsätze der Declaration, in der man zu Rom von vorne herein eine Art Dictat erblicken wollte, konnte man sich, wie vorauszusehen war, nicht verständigen, da sie Beziehungen auf das weltliche Schutz= und Aufsichtsrecht und überdieß verschiedene andere Bestimmungen (insbesondere über die Wahl der Bischöfe) enthielt, welche den Grundsätzen des römischen Stuhles wenig entsprachen. Der Römische Hof wünschte, daß vor Allem nur die Errichtung und Dotation der Bisthümer, Kapitel und Seminarien richtig gestellt werde. Zu diesem Zwecke fanden nach der Rückkehr der Gesandtschaft weitere Verhandlungen (vom 1. März 1820 bis 9. Januar 1821 in Frankfurt Statt, in deren Folge die übrigen Staaten, welche mit Baden gegenwärtig die oberrheinische Provinz bilden, die Errichtung eines Erzbisthums zu Freiburg, dem die Bisthümer Rottenburg, Mainz, Fulda und Limburg unterworfen sein sollten, nachgaben, man auch sofort mit Rom sich über die Bildung der Provinz und ihre kirchliche Einrichtung verständigte, und die päbstliche Bulle Provida solersque (vom 16. August 1821) ergieng, welche das Bisthum Constanz aufhob, die Errichtung des neuen Erzbisthums aussprach, und die Dotation der erzbischöflichen Kirche und der damit verbundenen Institute, wie namentlich des Priesterseminariums, bestimmte. Nachdem der Großherzog im Hinblick auf die Schwierigkeiten, welche der Ernennung des

Freiherrn von Wessenberg entgegenstanden (1822), beschlossen hatte, den Vorschlag von drei Candidaten für das Erzbisthum in die Hände der Decane zu legen, und diese (was die Beschwerde= schrift verschweigt,) fast einstimmig den Freiherrn von Wessen= berg primo loco in Antrag gebracht hatten, wurde ein Großherzog= licher Commissär (Burg) an denselben abgeordnet. Freiherr von Wessenberg erklärte, daß er seine Bereitwilligkeit, seinem Vater= lande als Erzbischof zu dienen, seinem Wunsche unterordne, die verabredete kirchliche Einrichtung vollständig und so bald als möglich zur Ausführung gebracht zu sehen.

Hierauf wurde nun der, an zweiter Stelle vorgeschlagene Pro= fessor Wänker in Freiburg als Erzbischof designirt. Aber die Wei= gerung Rom's, den von Baden designirten Erzbischof, so wie die, von den übrigen Staaten designirten Bischöfe zu bestätigen, führte weitere Verwickelungen herbei. Sämmtliche Regierungen hatten die im Jahre 1818 getroffenen Verabredungen einer Revision unterwor= fen und über modificirte Entwürfe einer landesherrlichen Verord= nung, einer Kirchenpragmatik und eines Fundations=Instruments, in einem Staatsvertrag sich vereinigt. Die Kirchenpragmatik war be= stimmt, den Bischöfen zugestellt zu werden, und wurde den Geistli= chen, welche dem Pabste designirt werden sollten, vorläufig mitge= theilt. In falschen, diesen Schritt entstellenden Nachrichten, welche dem römischen Stuhl hierüber zugekommen waren, und nebenbei auch in der Abstimmung der Decane, welche längst abgekommene Uebungen der Kirche zu erfrischen schien, (aber die ihr beigelegte Be= deutung nicht hatte,)*) lag der Grund, aus welchem derselbe (in der Note vom 27. Februar 1823) die Bestätigung der designirten Bischöfe verweigerte und sich darüber beschwerte, daß man ihnen zu= gemuthet habe, Grundsätze zu unterzeichnen, die er verworfen habe. Zugleich ward eine Liste von 14 theils unbekannten fremden, theils einheimischen Geistlichen, vorgelegt, aus welchen der Erzbi= schof und die Bischöfe gewählt werden könnten.

Hatte man auch, wie versichert wird, den designirten Bischöfen die Pragmatik nur mitgetheilt, um hiedurch ihre Erklärung über die

---

*) Die Aufforderung an die Decane hatte keinen andern Zweck, als sich darüber Gewißheit zu verschaffen, welche Geistliche des allgemeinen Ver= trauens sich erfreuen, um einen derselben zu designiren.

Annahme des bischöflichen Amtes zu bemessen, oder zur freiwilligen Adhäsion, unter dem Vorbehalte weiterer Verhandlungen darüber mit dem römischen Hofe, so durfte dieser Schritt, nach unserer Ansicht, selbst im Interesse der vereinten Staaten Bedenken darbieten.

Für den rechtmäßigen Gebrauch ihrer Hoheitsrechte bedarf die Staatsgewalt nicht der Zustimmung der Landesbischöfe; verlangt sie dieselbe, so scheint sie selbst ihre unveräußerlichen Rechte in Zweifel zu stellen, und macht sie davon einen ungeeigneten Gebrauch, so würde die Zustimmung der Bischöfe das Unrecht nicht heiligen.

Der erhobene Anstand wurde auf eine, für die Hoheitsrechte der vereinten Staaten unnachtheilige Weise verbessert, während mittlerweile Wänker (11. Juni 1824) gestorben war. Nun erfolgte (16. Juni 1825) ein Ultimatum des päbstlichen Stuhles und in demselben Jahre die Designation des Münsterpfarrers Bernhard Boll zu Freiburg. Er stand nicht auf der berührten mitgetheilten Liste, die der römische Hof selbst, nachdem nähere Erkundigungen eingezogen worden, zurückgenommen hatte.

Das Ultimatum entsprach in seinen sechs Artikeln den sechs Abschnitten, in welche die später (1827) ergangene päbstliche Bulle Ad Dominici Gregis custodiam abgetheilt ist. In Folge der zu Frankfurt erneuerten schwierigen Verhandlungen, vereinbarten sich sämmtliche theilnehmende Staaten über eine gemeinschaftliche Antwort, in der sie die vier ersten Artikel des Ultimatum's *), von früheren Forderungen abstehend, annahmen, aber die zwei weitere Artikel verwarfen, wovon der eine von den Seminarien und der Erziehung der Kleriker nach den Vorschriften des Tridentiner Conciliums, der andere aber von dem Verkehre mit dem römischen Stuhle und der Ausübung der erzbischöflichen und bischöflichen Gerichtsbarkeit nach den canonischen Vorschriften und der gegenwärtigen Kirchenverfassung (juxta canones nunc vigentes et praesentem ecclesiae disciplinam) handelte. Die vereinten Staaten erklärten in ihrer Note, vom 6. September 1826 ganz entschieden,

---

*) Diese vier angenommenen Artikel bezogen sich auf die, im Falle der Erledigung des erzbischöflichen oder eines bischöflichen Sitzes jeweils vorzunehmende Wahl, so wie auf die erstmalige Bildung der Capitel und die künftige Ernennung der Mitglieder derselben bei eintretenden Vacaturen.

daß sie diesen letzten Bestimmungen ihre Zustimmung nicht ertheilten, und wenn sie dennoch in die päbstliche Bulle aufgenommen werden wollten, sie sich in die Nothwendigkeit gesetzt sehen würden, ihre unveräußerlichen Souverainitätsrechte in Beziehung auf diese zwei Puncte ausdrücklich vorzubehalten.

In der hierauf erfolgten römischen Note vom 6. Januar 1827, welche die Mittheilung der Bulle Ad Dominici Gregis Custodiam begleitete, berief sich der Cardinalstaatssecretair auf die, dem päbstlichen Stuhle zugestandene Freiheit, die beiden Artikel in die Bulle aufzunehmen oder darin wegzulassen, indem er zugleich bemerkte, daß diese Bestimmungen, gegen welche die Staaten ihre landesherrlichen Rechte verwahrten, ihrer Natur nach keineswegs geeignet seien, die legitimen Rechte der Fürsten zu gefährden. Die Regierungen gaben aber, wie wir sehen werden, ihrem Widerspruche gegen die gedachten beiden Artikel ohne weiteres die zum Voraus angekündigte Folge.

Was insbesondere die Berufung auf die canones vigentes etc. betrifft, so wollte der römische Hof hiedurch ohne Zweifel gegen die febronianische Grundsätze sich eben so verwahren, wie die vereinten Staaten durch die Verwerfung der berührten Artikel und ihren darauf bezüglichen Vorbehalt ihre Hoheitsrechte sicher stellten und ihre Anerkennung einem Systeme versagten, wornach als canon vigens Alles geiten würde, was die römische Curie dafür erklärt. Man könnte vielleicht glauben, es habe hier ein Fall vorgelegen, in welchem zwar die Principien mit einander im Widerspruche ständen, ihre Consequenzen aber einer Vermittlung nicht zu widerstreben schienen, und man sich daher über Alles, was als canon vigens etc. angesehen werden solle, hätte im Einzelnen verständigen können. Allein hieran war bei der unendlichen Mannigfaltigkeit und Verwickelung der kirchlichen Verhältnisse nicht zu denken, und schon die Verhandlungen von 1819 hatten gelehrt, daß man auf jene Frage nur eine ausweichende Antwort erhalten würde.

Es blieb nichts übrig, als Alles, worüber ein förmliches Einverständniß nicht zu erzielen war, zur Seite liegen zu lassen, und dieß geschah von beiden Seiten in der freundlichsten Weise. Alle hier erzählten Thatsachen, welche dem Erscheinen der Bulle vorangiengen und welche die Beschwerdeschrift nicht berührt hat, muß man kennen, um spätere Vorgänge richtig zu beurtheilen.

Dem Erscheinen der Bulle folgten weitere Verhandlungen zu
Frankfurt über deren Vollzug und ein päbstliches Breve vom 28.
Mai 1827 in Beziehung auf die Wahl von Personen, die den Fürsten angenehm (nec minus gratae) seyn sollen. Der vom Großherzog designirte Münsterpfarrer Boll erhielt die päbstliche Bestätigung, obwohl er zu Rom ebenfalls, und zwar auf eine Weise an-
geschwärzt worden war, die auf's Neue eine Hemmung des Vollzugs
der verabredeten Einrichtung hatte besorgen lassen.

Die Einweihung des ersten Erzbischofes der neuen Provinz,
und des ersten Bischofs der badischen Diöcese geschah sofort (21.
Oktober 1827) durch den Erzbischof zu Köln, Freiherrn von Spiegel.

Unterm 27. November 1827 erhielten hierauf die Verein-
barungen, welche die betheiligten Staaten unter sich getroffen hatten
ihre definitive Redaktion.

An die Darstellung der Thatsachen, welche die Beschwerdeschrift mittheilt, knüpft sie keine Klagen gegen die Großherzogliche
Regierung, von der Rüge, daß Statt der baufälligen Seminarkirche
nicht schnell genug eine neue erbaut wurde, abgesehen. Wohl hätte
sie aber den Eifer, die Ausdauer, Klugheit und conciliatorische Gesinnung, welche die Großherzogliche Regierung bei den langwierigen
und höchst schwierigen Verhandlungen mit den betheiligten Staaten
zu Frankfurt und mit dem römischen Hofe an den Tag legte, und
welche dieser Hof selbst auf die feierlichste Weise anerkannt hat,
dankbar rühmen dürfen *). Auch durfte sie wohl der beharrlichen
Bemühungen der Regierung gedenken, dem badischen Landesbischof
die erzbischöfliche Würde zu gewinnen. Nur mit Bedauern fanden
wir übrigens auch hier, wie geneigt der Verfasser der Beschwerde-

---

*) Auf eine ungeeignete Weise bezeichnet die Beschwerdeschrift als vä-
terliche Ermahnung die schönen Worte am Schluße der päbstlichen Bulle vom 6. Januar 1827: „Aber auch von den durchlauch-
tigsten Fürsten erwarten wir (praepostulamur) mit zuverlaßiger und
freudiger Hoffnung, daß sie gemäß Ihrer großen und erhabenen und
auf die Glückseligkeit Ihrer Völker gerichteten Gesinnung beherzigen, in
welchem Grade unsere Nachgiebigkeit in diesem ganzen Geschäfte (man
darf wohl dieß auch von den Fürsten sagen) dargethan worden ist, und
täglich mehr Sich gegen ihre katholische Unterthanen wohlwollend er-
zeigen, welche sie Sich gewiß zu jeder Zeit durch Treue, Liebe und
eifrigen Gehorsam innigst verbunden finden werden."

schrift ist, fast jeden Katholiken, auf dessen Wirksamkeit in kirchlichen Dingen ihn seine Erzählung führt, zu verunglimpfen. Von den beiden badischen Abgeordneten zu den im Jahr 1818 begonnenen Conferenzen zu Frankfurt, nennt er den einen, Staatsrath von Ittner, einen „Freund der Idee eines Schismas und einer jansenistischen Verkümmerung", den andern, den Pfarrer J. B. Burg, nachmaligen Bischof zu Mainz, einen „wechselnden Parteigänger aus Ehrgeiz."

Wenn er durch diese Characterisirung jener Abgeordneten einen Schatten auf die Regierung, welche eine solche Wahl traf, werfen wollte, so wundern wir uns, daß er die von Baden sogar auf einen Protestanten gefallene Wahl für die, im Jahre 1819 abgeordnete Gesandtschaft nach Rom nicht gerügt hat.

————

### 3.

#### Das Benehmen der Landstände.

Die Beschwerdeschrift schickt ihrer Darstellung des Benehmens der Landstände, eine weitere Anklage gegen die Regierung voran. Sie beginnt mit den Worten: „Von der Regierung, welche in der Wessenbergischen Sache ihre Vertheidigung der kirchlichen Rechte der Katholiken bethätigen wollte, war die billige Zutheilung politischer Rechte an die Unterthanen zu erwarten, was aber nicht eingetroffen. Denn obgleich die Verfassung den Bekennern der christlichen Confessionen dieselben politischen Rechte gewährte, also die Wahlordnung, welche bei uns auf der Volksmenge beruht, auch dabei hätte bleiben sollen, so wurde doch zugleich auf die Confession gesehen und dadurch den protestantischen Bezirken ein Vorzug gegeben." Diese Behauptung sucht sie durch Zahlen zu belegen. In 21 katholischen Amtsbezirken wählten 548,000 Einwohner 21, und in 9 protestantischen Amtsbezirken 142,000 Einwohner 9 Deputirte, also dort 25000 Katholiken, hier 16000 Protestanten je einen. In den Städten könne man 12 — 13 Protestanten und 10 bis 11 Katholiken und in den 11 gemischten Aemtern des Unterlandes je die Hälfte oder je 5 oder 6 für jede Confession rechnen, so daß sich die Kammern aus 27 bis 28 Protestanten und 35 bis 36 Katholiken bilden, was auch die Erfahrung bestätige.

Die Beschwerdeschrift ist in einem großen Irrthume befangen. Bekanntlich wurde zwar sowohl für die 41 Aemterwahlbezirke, welche je einen, als für die 14 Städte, welche je einen, zwei oder drei Abgeordnete zur zweiten Kammer ernennen, die Zahl der Wahl-männer, welche in jedem Bezirke das Wahlcollegium bilden sollen, nach der Bevölkerung bestimmt, diese aber weder für die Ein-theilung des Landes in Aemterwahlbezirke, noch für die jenen Städten verliehenen besonderen Rechte, als Maaßstab oder Grundlage angenommen. Die Wahl-Ordnung sagt in den §§. 34 und 35 das gerade Gegentheil. Sie berücksichtigte bei der Bestimmung der Aemterwahlbezirke das Verhältniß der directen Besteuerung, d. i. die Grund-, Häuser-, und Gewerbsteuerkapitalien. In den Bestim-mungen über die Ernennung städtischer Abgeordneter trug man theils der gewerblichen Bedeutung, theils historischen Erinnerungen, theils, insbesondere bei den größern Städten, dem verhältnißmäßig größern Reichthum an geistigen Kräften gebührende Rechnung. Daß man das steuerbare Vermögen im Gebiete der politischen Rechte be-rücksichtige, daß man insbesondere den politischen Einfluß auf die Finanzen, nach dem Maaße der Beiträge zu den Staatslasten be-messe, ist ein Gebot der Gerechtigkeit, wie der Politik. Die Finan-zen bilden einen stehenden Gegenstand der Wirksamkeit der Land-stände und gerade in dieser Beziehung räumt die Verfassungsurkunde der zweiten Kammer einen vorzüglichen Einfluß ein. Dieser über-wiegende Einfluß konnte der zweiten Kammer nur in der Betrach-tung verwilligt werden, daß die Wählerschaft, aus der sie hervor-geht, bei weitem den größten Theil des steuerbaren Vermögens be-sitzt. Auf derselben Grundansicht und in keiner Weise auf confessio-nellen Rücksichten beruht die Eintheilung der Aemterwahlbe-zirke, welche dem ohngefähren Verhältnisse der Steuerkapitalien entspricht. Da aber gerade die minder fruchtbaren Landstriche, der Schwarzwald und der Odenwald, bei weitem zum größten Theile ungemischt katholische Aemter hatten, so mußte im Ganzen die Zahl der Abgeordneten aus den katholischen Bezirken im Verhältniß zur Volksmenge, unter der Zahl der Abgeordneten aus den rein protestantischen, mehr in der Ebene gelegenen Bezirken stehen blei-ben *).

---

*) So findet man dann, daß z. B. die Wahlbezirke 4. und 6., welche je vier katholische Aemter (mit 27500 und 32100 Einw.) enthalten, bei

Eine vollständige Gleichheit war aber auch in Beziehung auf die Steuerkapitalien nicht zu erzielen, und wenn einzelne protestantische Bezirke, unter beiden Gesichtspunkten begünstigt erscheinen, so ist dies auch bei einzelnen katholischen (wie namentlich bei dem 13. und 18.) der Fall. Wollte man die Aemter nicht zu sehr zerreißen, so mußten einige Bezirke größer, andere, weil sie, ohne zu groß zu werden, nicht mit benachbarten Aemtern vereinigt werden konnten, etwas kleiner werden. Die nach Vergleichung der Steuerkapitalien zwischen einigen Bezirken noch bestehende Ungleichheit, die jedoch nur auf 1 bis 2 Deputirtenwahlen wirkt, erklärt sich hieraus, und aus der getrennten Lage der protestantischen Aemter. Wie man den 17. Bezirk durch Vereinigung eines rein protestantischen Amtes mit einer dreifach stärkern katholischen Bevölkerung vergrößerte, so konnte man mehrere protestantische Bezirke ebenfalls größer machen, z. B. dem Bezirk Emmendingen das angrenzende katholische Amt Waldkirch, dem Bezirk Müllheim das angrenzende Amt Heitersheim oder dem Bezirke der Lichtenau'schen Aemter das Amt Achern u. s. f. beifügen. Allein damit wäre zwar eine vollkommenere Gleichheit nach dem angenommenen Maaßstabe, aber nicht das Mindeste für den Zweck, den die Beschwerdeschrift will, gewonnen worden; da die Wählerzahl aus den protestantischen Aemtern in diesen mit rein katholischen Orten vergrößerten Bezirken weit überwiegend blieb. Wenn aber auch durch eine andere Combination etwa ein weiterer katholischer Aemterwahlbezirk hätte gebildet werden können, und man, daß dies nicht geschah, tadeln möchte, so warb auf einer andern Seite,

---

einer weit größern Bevölkerung ein geringeres Steuerkapital, als der nur zwei protestantische Aemter umfassende 22te Wahlbezirk (mit 18400 Einw.) und der noch minder volksreiche 15te Bezirk haben. Die größte Bevölkerung haben der 7te, drei katholische Aemter, mit nahe (34,000 Einwohnern) und der 17te, drei katholische und ein kleines protestantisches Amt (zusammen mit 34,200 E.) umfassende Wahlbezirk. Die protestantischen Bezirke 15, 22 und 27 haben aber bei einer Bevölkerung von 17 bis 20,000 Einw.) jeder ein noch etwas höheres Steuerkapital, wie der 7te (katholische) Bezirk, und so bedeutend geringer auch die Bevölkerung der protestantischen Bezirke 9, 10 u. 26 (mit 12800 bis 15700 E.) ist, so ist ihr Gesammtsteuerkapital dem dreifachen Kapital des 7ten (kath.) Bezirks ganz nahe. — Es liegen hier die Aemtereintheilung von 1818 und die damaligen Steuerkapitalien zu Grunde.

nehmlich bei Bestimmung jener städtischen Wahlrechte, deren Verleihung sich auf historische Erinnerungen bezog, der Verlust vollkommen erseßt. *)

Wir wollen, ehe wir dies nachweisen, zuvor nur wenige Worte
von den übrigen Städten reden, deren Wahlrechte einen andern
Grund haben.

Die Rücksicht, die man mit Recht den Städten des Landes
trug, welche man als geistige Mittelpuncte betrachten darf, war bei
den Städten Karlsruhe, Mannheim, Freiburg und Heidelberg überwiegend.

Daß man als Repräsentanten der gewerblichen Interessen
die Stadt Pforzheim, als wichtigsten Fabrikplaß des Landes, sodann
Lahr und Constanz wählte, wird man notorischen Verhältnissen angemessen finden **).

Nur die Rücksicht, die man historischen Erinnerungen trug, gab
der Willkühr einen weiten Spielraum. Wie wurde aber dieses
willkührliche Ermessen geübt? Fünf katholische Städte, Ueberlingen
und Offenburg, als ehemalige Reichsstädte, Bruchsal und Rastadt, als ehemalige Residenzen, Baden, als älterer Stammsiß
der Regenten Familie, von dem sie und das Land den Namen angenommen, wurden berufen, 5 Abgeordnete in die Ständeversamm-
lung zu senden. Sie hatten, nach den Bevölkerungslisten, auf welche
die Beschwerdeschrift sich stüßt, zusammen nur 18,220 Einwohner.

---

*) In dem früheren Umfange des Seekreises (der weit kleiner als der ge-
genwärtige war), sind die Aemterwahlbezirke, in Vergleichung mit den
katholischen, protestantischen und gemischten Bezirken der übrigen Kreise, etwas größer geworden, als sie nach dem angenommenen
Maaßstab seyn sollten. Dies rührte daher, daß die Stadt Ueberlingen
im Entwurfe nicht unter den bevorzugten Städten vorgeschlagen war,
und als man diese Stadt den übrigen anreihte, einer der ursprünglich
projectirten Aemterwahlbezirke jenes Kreises ausgeschieden und die einzelnen Aemter, die denselben bildeten, den übrigen benachbarten Bezirken
zugetheilt wurden.

**) Die Stimmenvertheilung unter diesen drei Städten entsprach den dama-
ligen gewerblichen Verhältnissen. Die Gesammtsteuerkapitalien dieser
Städte betrugen im Jahr 1825 von Pforzheim nahe 4 Millionen, von Lahr
3,6 Mill. und von Constanz 2⅓ bis 2¼ Mill. Gulden. Jeßt mag Constanz den beiden übrigen Städten etwas näher stehen.

Nur zwei protestantische Städte, Durlach, als Stammsitz der badischen Linie, und die Stadt Wertheim, für die der Umstand, daß es die Hauptstadt des damaligen Main- und Tauberkreises war, geltend gemacht wurde, erhielten ein eigenes Wahlrecht. Ob ein solches Recht der Stadt Gernsbach, über welcher sich der letzte romantische Wohnsitz der Ebersteiner erhebt, nicht gleichfalls ertheilt werden solle, kam in Frage. Auch von Villingen und Lörrach war die Rede.

Wir wollen, wie gesagt, nicht untersuchen, ob die Principien und Rücksichten, von welchen man bei der Stimmenvertheilung ausging, und die nicht den entferntesten Bezug auf confessionelle Verhältnisse hatten, sich nach den Grundsätzen einer gesunden Politik rechtfertigen lassen *). Es handelt sich hier lediglich um ihre Anwendung, die, wie wir gezeigt, auf eine Weise geschah, welche der Gerechtigkeit vollkommen Genüge leistet. Davon haben die katholischen Abgeordneten zum ersten Landtag 1819, wo diese Verhältnisse wirklich zur Sprache gekommen waren, durch die ihnen außerhalb der Kammer ertheilten Erläuterungen sich in der Art überzeugt, daß sie seither niemehr in förmliche Anregung kamen.

Die Anklage der Partheilichkeit, welche die Beschwerdeschrift gegen die Regierung, in Bezug auf die Bestimmung der politischen Rechte der Katholiken erhoben hat, glauben wir nun hinlänglich beleuchtet und widerlegt zu haben.

Hätte die Regierung confessionelle Rücksichten nehmen wollen **)

---

*) Man möchte vielleicht die Städte im Ganzen gegen die Landbezirke, wenn man auch bei diesem Verhältniß den Maaßstab der Besteuerung berücksichtigt, allzusehr begünstigt finden, allein dieß ist wohl bei den kleineren, nicht aber bei den vier größern, bei Carlsruhe und Mannheim die je 3, und Heidelberg und Freiburg, die je 2 Abgeordnete wahlen, in so fern nicht der Fall, als man zugleich wie billig der indirecten Besteuerung Rechnung tragt. In jenen vier Staaten, welche (nach der Zählung von 1836) 32,379 protestantische und 32,894 katholische Einwohner zahlen, ist der Ertrag der Accise und der Verbrauchszölle vielfach höher, als in einem Landbezirke von gleicher Bevölkerung.

**) Bei der Berathung des von dem Bearbeiter der Verfassungsgesetze vorgelegten Entwurfes der Wahlordnung gab fast ausschließlich nur die Stimmenvertheilung Veranlassung zu lebhaften Discussionen. Die Genehmigung des Großherzogs erfolgte aber in einem wenig zahlreichen Conseil zu Griesbach, dem wenigstens zwei Katholiken und wenn wir nicht irren 2 bis 3 protestantische Staatsdiener beiwohnten.

so hatte sie ein leichtes Mittel. Sie hätte nur in allen Fällen, wo
die Interessen der einen oder andern Confession mittelbar oder unmittelbar betheiligt erschienen, eine Itio in partes zulassen können,
wofür sie im deutschen Staatsrecht eine historische Basis hatte. Gegen eine solche Bestimmung ließ sich keine Art von Einwendung erwarten. Was konnte ihr aber die Politik, welche die Beschwerdeschrift ihr fälschlich zuschreibt, helfen, wenn sie auf dem halben
Wege stille stand. Blieb ja nach der eigenen Darstellung der Beschwerdeschrift den Katholiken mit 35 bis 36 gegen 27 bis 28 Stimmen *) eine ganz entschiedene Mehrheit. Die Regierung vertraute
den loyalen, vaterländischen Gesinnungen der Angehörigen beider
Confessionstheile auf ganz gleiche Weise. Wenn aber die Beschwerdeschrift findet, daß, wie die Kammerverhandlungen von 1819/20
gelehrt hätten, protestantische Deputirte katholische Interessen oft
schonender, als katholische Mitglieder beurtheilen, so glauben wir,
daß beide Theile bisher wechselseitig gleiches discretes Benehmen
beobachtet haben.

Was die Beschwerdeschrift von den Verhandlungen des Landtages vom Jahr 1819 mittheilt, bestätigt Alles, was wir von den
Wünschen und der Stimmung des Landes in Beziehung auf die
Bisthumsangelegenheit behauptet haben, und widerlegt zugleich aufs
kräftigste die Behauptung des Beschwerdeführers, daß die Veröffentlichung der officiellen Denkschrift von 1818 Entrüstung und Mißtrauen gegen die Regierung unter den Katholiken des Oberlandes
hervorgebracht habe. Was auch der Beschwerdeführer gegen die Abgeordneten von Rotteck und Duttlinger zu erinnern haben mag,
gewiß wird er ihnen einen lebhaften Eifer, sich mit der Stimmung
des Oberlandes, in dessen Mitte sie lebten, vertraut zu machen, so
wenig absprechen, als jenes Maaß von Klugheit, das ihnen nicht
fehlen durfte, um sich nicht im höchsten Grade in ihren nächsten Umgebungen, wie im ganzen Oberlande unpopulär zu machen. Und
daß sie die Popularität, deren sie unter ihren Mitbürgern genoßen,
nicht leichtsinnig aufs Spiel zu setzen geneigt waren, wird er noch
weniger bezweifeln. Wenn die dort herrschende Stimmung ihren
eigenen Ansichten nicht entsprochen hätte, so würden sie wohl, da

---

*) Das Verhältniß wechselt häufig, da der nehmliche Bezirk bald einen Ka-
tholiken, bald einen Protestanten wählt. Es schwankt zwischen 26 u. 29.

in solchem Falle ihre Rede ohnehin ganz zwecklos erschien, lieber ge=
schwiegen, statt sich in ihren, für die Erhaltung der Freiheit und
Selbstständigkeit der katholischen Landeskirche gestellten Anträgen,
auf die Weise geäußert haben, wie es geschehen, indem Duttlinger
in der zweiten Kammer, wie die Beschwerdeschrift erzählt, erklärte,
Wessenberg sey ohne Untersuchung vom Pabste verworfen, die
Anschuldigungen gegen ihn seyen unbestimmt, beweislos, und durch
ihre Principien gefährlich für Staat und Kirche, und von Rotteck
als Abgeordneter zur ersten Kammer, ebenso die Beschuldigungen
gegen Wessenberg offenbar nichtig, vag, unbestimmt und hart
nannte, vor den Bestrebungen Roms warnte und die Protestanten
ermahnte, sie sollten gemeinschaftliche Sache mit den Katholiken
machen, damit sie selbst nicht von dem Pabste in Gefahr kämen,
anderer noch weit stärkerer Aeußerungen nicht zu gedenken, die man
in den Protokollen und in einem Auszug daraus in der Beschwerde=
schrift findet. Wie konnten, wenn über das Benehmen der Regierung
im Oberlande Unzufriedenheit herrschte, oder das katholische Publi=
kum darüber sogar entrüstet war, jene Abgeordnete wagen, eine
solche Sprache zu führen, ohne des gänzlichen Verlustes ihrer Popu=
larität, der Achtung und Liebe ihrer Mitbürger, gewiß zu seyn,
ohne gewiß zu sein, daß sie gegen solchen Verlust die Huldigung
nicht schützen könne, welche sie nebenbei dem Oberhaupte ihrer Kirche,
als Wächter des Glaubens und Erhalter der Einheit, brachten.
Der Großherzoglichen Regierung waren nicht nur diese Verhand=
lungen, so wie die weitern, welche über Seminarien, Convicte u.
s. w. in der ersten Kammer Statt fanden, und wobei sich unter den
katholischen Mitgliedern ein Zwiespalt der Meinungen herausstellte,
im hohen Grade unangenehm, sondern sie bedauerte insbesondere
auf das lebhafteste, daß die Kammern überhaupt sich der Erörterungen
über solche kirchliche Fragen selbst während der Verhandlungen mit
Rom nicht enthalten hatten. Billig hätte sie erwarten dürfen, daß
man ihrem besten Willen, die Wünsche eines großen Theiles der
katholischen Bevölkerung, in soferne es nur immer thunlich blieb,
zur Erfüllung zu bringen, vollkommen vertraue, und nur um dieß
Vertrauen zu erwecken, und jede weitere Aufregung zu verhüten,
hatte sie, wie gesagt, die Denkschrift erlassen.

Die vier Fragen eines Ungenannten waren es aber, die eine
Antwort in der Kammer provocirten.

## 4.

### Convertitenwesen.

Dieser Abschnitt enthält die Erzählung einiger Thatsachen, welche sich auf den Uebertritt des ehemaligen katholischen Pfarrers Hennhöfer zu Mühlhausen, sodann des Grundherrn Julius v. Gemmingen=Steinegg mit ohngefähr 40 Familien seines Gebietes zur evangelisch=protestantischen Kirche und auf die Errichtung einer protestantisch evangelischen Pfarrei in jenem Orte beziehen, nebst Bemerkungen hierüber. Der Verfasser der Beschwerdeschrift hat gegen das Benehmen der Großherzoglichen Regierung bei diesem Vorfalle nichts zu erinnern. Aber ein indirecter Vorwurf für die Regierung liegt wohl in den einleitenden Worten dieses Abschnitts. „Der Uebertritt katholischer Geistlichen zum Protestantismus, wovon wir mehrere Beispiele gehabt, beweist thatsächlich die Folgen einer mangelhaften theologischen Erziehung und Bildung, so wie die Einwirkung einer unbeschränkten Lehrfreiheit, welche der auflösende Liberalismus mit seinem Vernunftrechte verlangt.'' Die Regierung hätte darnach solche Uebertritte zu verantworten, da sie es ist, welche die Lehrfreiheit nicht genug beschränkt, und die schon längst, wie die Beschwerdeschrift an andern Orten zu verstehen gibt, so weit es von ihr abhängt, für eine bessere theologische Erziehung und Bildung hätte sorgen sollen. Wir glauben, daß es damit in den zum Großherzogthume gehörigen Landen früher nicht besser, als seit ihrem Anfalle an Baden gestanden hat, glauben hier aber nicht tiefer in die Materie eingehen zu dürfen, da wir in der That nicht einsehen, welcher Causalnexus zwischen einer mangelhaften theologischen Bildung und dem Uebertritt zum Protestantismus bestehen soll, wenn wir nicht von einer Voraussetzung ausgehen wolten, welche den ebenfalls bisweilen vorkommenden Uebertritt protestantischer Geistlicher zu dem Katholicismus auch aus ihrer mangelhaften theologischen Bildung zu erklären, uns in keiner Weise gestatten würde, und die wir zu besprechen uns weder berufen noch im Mindesten geneigt fühlen.

Ist es die Lernfreiheit die beschränkt werden soll, um Conversionen zu verhüten, so wissen wir in der That nicht, wie in dem Gebiete, von dem es hier sich handelt, eine Beschränkung möglich wäre, ohne den Katholiken das Lesen von protestantischen, religiösen oder theologischen Schriften und ebenso den Protestanten das Lesen katholischer Bücher zu verbieten, was wohl dem Verfasser der Beschwerdeschrift selbst nicht in den Sinn kommen wird. Daß unter einer gemischten Bevölkerung bisweilen Uebertritte vorkommen, sollte im Grund um so weniger befremden, je weniger unter ihr ein Indifferentismus in Glaubensachen herrscht. Es kann bei der Anregung, welche die eine oder andere Religionspartei durch ihre nahe Berührung zu Vergleichungen, Untersuchungen und zum Nachdenken über religiöse Wahrheiten erhält, gar nicht fehlen, daß bisweilen ein Protestant sich zur katholischen und ein Katholik zur protestantischen Confession wendet. Geschieht dieß aus wahrer Ueberzeugung, so muß man sie ehren. Von Verlust und Gewinn der einen oder andern Partei kann dabei keine Rede sein. Einen Gewinn macht aber jeder, der in seinem veränderten Glaubensbekenntniß wirklich die Beruhigung findet, die er sucht, er habe sich von dem Protestantismus zum Katholicismus oder von diesem zu jenem gewendet.

Wir denken nicht, daß der Beschwerdeführer, indem er bemerkt, Hennhöfer sey nach Graben gekommen, das von einer Seite an lauter katholische Orte grenze, die jedoch nicht angesteckt worden seyen, etwa andeuten wollte, man habe einer Ansteckung Raum lassen wolten. Er wurde in der besten Meinung aus der Gegend seiner früheren Wirksamkeit so weit entfernt als es nöthig war, um seine fortdauernde Berührung mit den Einwohnern des Gemmingenschen Gebiets zu verhindern. Ungemischte protestantische Orte, in deren Nähe nicht katholische liegen, sind aber nicht viele zu finden, und nicht jeder Geistliche paßt für jegliche Gemeinde.

Uebrigens hat die Regierung für ihr Verhalten in Beziehung auf den Uebertritt katholischer Staatsangehöriger zur protestantischen so wie protestantischer Staatsangehöriger zur katholischen Kirche nur eine gesetzliche Regel; sie muß die kirchliche Selbstständigkeit des Staatsbürgers nicht nur selbst achten, sondern ihn auch schützen gegen jeden Zwang, Furcht und Zudringlichkeit, wodurch irgend Jemand seinen freien Entschluß einer Religionsänderung zu hintertreiben, oder zu einer solchen hinzudrängen versuchen sollte. Je mehr diese Selbstständigkeit der Angehörigen beider Religionstheile von jeder Seite geachtet wird, desto seltener werden Conversionen vorkommen. Diejenige, von welcher hier die Rede ist, war allerdings eine auffallende Erscheinung, da bisher in beiden Kirchen nur vereinzelte

Uebertritte vorkamen. Bekanntlich sind die ersten Anfänge der Richtung, welche mehre Einwohner von Mühlhausen in religiöser Beziehung genommen, älter, als die Berufung Hennhöfers nach Mühlhausen, und in dem Verkehre mit benachbarten würtembergischen Orten zu suchen. Ob Winter, welcher meinte, ein milderes Verfahren des Vicariats in Bruchsal hätte eine andere Wendung herbeiführen können, oder ob die Beschwerdeschrift, welche behauptet, Winter habe geirrt, weil er die katholische Dogmatik nicht verstanden,
richtiger urtheile, müssen wir dahin gestellt seyn lassen, nicht nur,
weil wir besorgen, man möchte uns ebenfalls das Recht nicht ein-
räumen, katholische Dogmatik zu verstehen, sondern weil wir von
dem beobachteten Verfahren, und den Verhandlungen des Vicariats,
dem man sonst Umsicht und Mäßigung nachrühmte, nicht genugsam
unterrichtet sind. Wie dem aber sey, die Wahrheit stehet fest, daß
in solchen Verhältnissen Geduld, Milde, liebevolle Versuche der Verständigung und Belehrung, die besten Mittel zum Ziele sind, während jede Art von Härte oder Zwang auf die Geister wirkt, wie
ein Druck auf ein elastisches Flnibum im eingeschlossenen Raume.
Der Widerstand wächst mit der Stärke des Drucks.

# Dritte Periode.

Von der Einsetzung des ersten Erzbischofs zu Freiburg
bis auf die neuste Zeit (1827 — 1841).

## 1.

### Stellung der Staatsbehörden gegen das Ordinariat.

Allgemeine Declamationen über Eingriffe und Anmaßungen
der Regierungen in dem eigenthümlichen Gebiete der Kirche füllen
hauptsächlich die Blätter, welche diesem Abschnitte der Beschwerdeschrift gewidmet sind. Sie sollen die Leser in eine aufgeregte
Stimmung bringen, welche ihnen die ruhige Würdigung der, in den
folgenden Abschnitten vorgetragenen Thatsachen erschwert; sie sollen
sie in den Zustand einer Befangenheit versetzen, um sie geneigt zu
machen, den von dem Beschwerdeführer über diese speciellen Thatsachen aufgestellten Ansichten und seinen gehässigen Deutungen, ihre
innere Zustimmung zu geben. Wir würden ein solches Hülfsmittel
verschmähen, wenn wir auch nicht fühlten, wie wenig wir in der
Kunst zu declamiren mit unserm Gegner in die Schranken treten
dürfen. Auf die dem Vortrage der Beschwerdeschrift einverwebten
feindseligen Fragen: „will er — der Protestantismus — die Katholiken zwingen, seine Aufklärungen anzunehmen? — hat er die Absicht, die Katholiken zu protestantisiren?“ — „Sind ihm die Katholiken zu linkisch und dumm?“ auf solche und einige andere Fragen
dürfen wir, nachdem wir ihre Tendenz bereits in der Einleitung besprochen, keine weitere Antwort geben, da schon der Gedanke, daß

eine solche nöthig sein könnte, eine eben so große Absurdität als Beleidigung wäre. Sie ist auch um so überflüssiger, da die Beschwerdeschrift sie selbst verneint, und die Regierung zuletzt nur als das willenlose und unverständige Werkzeug katholischer Beamten darstellt, von denen sie nur beklagt, daß es nicht die rechten Leute seien. „Wie es auch" heißt es darin — „der weltlichen Obrigkeit schmeicheln mag, viel in katholischen Kirchensachen hineinzubefehlen, sie braucht dazu immer Katholiken, die der Kirchenordnung widerstreben, und sich ihre Beihülfe von der u n b e d a c h t -s a m e n Regierung theuer vergüten lassen. Denn solche widerstrebenden Katholiken — v e r l e i t e n die Regierung zu A n m a ß u n g e n , und zu dem Wahne, sie müsse unter allen Umständen in religiösen Dingen die Untergebenen gegen ihre Vorgesetzten in Schutz nehmen."

Wenn die Beschwerdeschrift behauptet, die Regierung sei durch die Rücksichten, welche sie der persönlichen Freiheit getragen, nicht weiter gekommen, als daß sie U n w ü r d i g e n und S t r a f b a -r e n Vorschub geleistet, böse Unterthanen vermehrt, und g u t e beleidigt habe, und daß dieser traurige Erfolg bei den Uebergriffen in kirchliche Rechte nicht habe ausbleiben können, so hätten wir gewünscht, daß sie wenigstens diese vage Beschuldigung mit Thatsachen zu belegen gesucht hätte, da wir in den folgenden Abschnitten auch nicht eine finden, auf die sie, nach der eigenen Darstellung der Beschwerdeschrift, sich beziehen könnte.

Die persönlichen Angriffe, die auch in diesem Abschnitte nicht fehlen, zeugen von einem Gemüthe, in welchem die christliche Liebe keine tiefere Wurzel geschlagen haben kann. Sie verläugnet sich insbesondere in Allem, was darin über den Geistlichen, Herrn Dr. Engeßer, gefaßt wird, welcher der katholischen Section als Director vorstand, zum Coadjutor des verstorbenen Erzbischofs vorgeschlagen war, und nach dem Tode des Großherzogs Ludwig, pensionirt und auf seine Pfarrei zurückgesetzt wurde. — Sehen wir, wie einem Mann, der dem höchsten Ziele, nach welchem er in dem Felde seines Standes und Berufes streben kann, so nahe stand, daß er seines Glückes fast gewiß war, plötzlich nicht nur seine schönste Hoffnung entschwindet, sondern auch seine bereits erlangte, ausgezeichnete Stellung verloren geht, so wird uns unser besseres Gefühl, selbst wenn ihn — was wir in dem vorliegenden Falle keineswegs behaupten wollen — der Vorwurf träfe, daß er in seinem Streben sich ein zu hohes Ziel gesetzt, doch laut zurufen, daß man unterlaßen müße, ihn darüber öffentlich zu berufen, die Ruhe seiner stillen Zurückgezogenheit zu stören, und daß man ihn wenigstens nicht verhöhnen dürfe. Ist es aber nicht fast eine Verhöhnung, wenn man sagt: „da er dem Großherzog bei seinen Güterkäufen im Oberlande behülflich war, so ernannte ihn dieser zum geistlichen Rath und Mitgliede der katholischen Section, bald darauf zum Commandeur des Zähringer Löwenordens, und gegen die Regel zum Director der Section und später zum Geheimenrath.“ — Also, alles dies wegen des Gutskaufs; denn gleich darauf folgen die Worte: „Ludwig war dankbar und bedachte nicht, daß dem Manne die nöthigen Eigenschaften zu seinem Amte abgingen.“ Wenn der Großherzog in den Eigenschaften dieses Geistlichen sich auch geirrt hätte, so möchte man doch weit suchen müßen, um den rücksichtslosen Radicalismus zu finden, der sich unterstände, allen jenen Regentenhandlungen den Grund zu leihen, den ihr die loyale conservatorische Beschwerdeschrift gibt. Und worauf beruht die Behauptung, daß dem zur Kirchensection Berufenen die nöthigen Eigenschaften zu seinem Amte fehlten? Hat ihm ja doch eine berühmte theologische Facultät, in Anerkennung seiner Eigenschaften, die theologische Doctorwürde ertheilt, in deren Verleihung man nirgends freigebig ist. Dabei konnte doch der Gutskauf nicht in Erwägung kommen.

Die schonungslose Vorladung dieses Mannes vor das große Publicum, um ein Urtheil über sich und seinen Dienstlauf zu vernehmen, erscheint uns um so tadelnswerther, da er in seinem Glücke, wenigstens unseres Wissens, Niemand verletzt, und ihn die Beschwerdeschrift selbst keiner Amtshandlung zu beschuldigen weiß, die solche Rücksichtslosigkeit entschuldigen könnte. Sie gesteht selbst zu, daß er (1829) mit Erfolg sich bemühte, in die Kirchensection einen Mann von kirchlichen Gesinnungen zu bringen, den Ministerialrath Holdermann, in dessen Lob wir von ganzem Herzen einstimmen. Die Aeußerungen der Beschwerdeschrift sind um so weniger zu entschuldigen, da der Mißhandelte, wenn er auch nicht eine ungewöhnliche Gelehrsamkeit besitzt, doch unter Allen, die ihn kennen, als ein wohl unterrichteter Mann von ganz klarem Verstande gilt, und als man weiß, daß der verstorbene Großherzog ihn vorzüglich wegen seines geraden und offenen Benehmens schätzte und gerne bei sich sah.

Was die Beschwerdeschrift über den Ministerialrath Zahn,

der seine Stelle schon seit 1825 bekleidet, sagt, daß er nämlich den Grundsätzen des Josephismus und der Reform huldige, mag hier, da später die Rede von ihm sein wird, auf sich beruhen. Eben so wird ihre auf das Staatsministerium bezügliche Bemerkung, da sie später darauf zurückkommt, weiter unten beleuchtet werden.

## 2.
### Die Staatsverordnung über das katholische Kirchenwesen vom Jahr 1830.

Unter dem 16. October 1827 wurden durch Großherzogliche Verordnung die beiden bereits erwähnten, auf die oberrheinische Kirchenprovinz bezüglichen päbstlichen Bullen bekannt gemacht. Die Verordnung lautet: Da die päbstliche Bulle vom 16. August 1821, welche mit den Worten: Provida solersque und diejenige, welche mit den Worten: Ad Dominici Gregis custodiam beginnt, in so weit solche die Bildung der oberrheinischen Kirchenprovinz, die Begrenzung, Ausstattung und Einrichtung der dazu gehörigen fünf Bisthümer mit ihren Domkapiteln, so wie die Besetzung der erzbischöflichen und bischöflichen Stühle und der Domstiftischen Präbenden zum Gegenstand haben, von Uns angenommen werden und Unsere landesherrliche Bestätigung erhalten, ohne daß jedoch aus denselben auf irgend eine Weise etwas abgeleitet oder begründet werden kann, was Unsern Hoheitsrechten schaden oder ihnen Eintrag thun könnte, oder den Landesgesetzen und Regierungsverordnungen, den erzbischöflichen oder bischöflichen Rechten, oder den Rechten der evangelischen Confession und Kirche entgegen wäre, so wird solches hiermit, unter dem Vorbehalte, daß wegen der Vollziehung weitere Verordnungen werden getroffen werden, zur Nachachtung bekannt gemacht." Gleiche Bekanntmachungen erfolgten auch in den Ländern der übrigen vereinten Regierungen.

Die Staaten, deren Gebiete die oberrheinische Provinz bilden, — Würtemberg, Baden mit den beiden Hohenzollerschen Fürstenthümern, beide Hessen und Nassau mit der Stadt Frankfurt, — hatten damals zusammen eine katholische Bevölkerung von ungefähr

1,660,000 Einwohnern, welche neben und unter 2,570,000 Protestanten lebten.\*) Es war zu wünschen, daß in den Anordnungen, welche die, bei der oberrheinischen Provinz betheiligten Regierungen in Folge der Annahme der päbstlichen Bulle zu treffen hatten, so viel möglich Gleichförmigkeit herrsche. Sie suchten sich daher, wie bereits erzählt worden, über gleichförmige Bestimmungen zur Ausübung ihres Schutz= und Aufsichtsrechtes zu verständigen. Die hierüber getroffene Verabredung wurde durch Großherzogliche Verordnung vom 30. Januar 1830 zum Vollzuge und zur Beachtung bekannt gemacht, und dadurch die unterm 16. October 1827 in Aussicht gestellten weitern Vorschriften ertheilt.

Gegen diese Verordnung erhebt sich nun die Beschwerdeschrift. Schon bei dem Beginnen der Verhandlungen mit Rom habe der Pabst die sogenannte Kirchenpragmatik, welche die Grundsätze des abzuschließenden Concordats aufgestellt, verworfen. Dennoch hätten nun die Regierungen der oberrheinischen Provinz einseitig für sich eine pragmatische Kirchenverordnung beschlossen. Die Verordnung vom 30ten Januar 1830, welche sie enthalte, und durch welche, wie nicht zu zweifeln, der Großherzog seinen katholischen Unterthanen einen Beweis seiner Fürsorge habe geben wollen, sei aber nicht in allen Bestimmungen auf die Verfassung der katholischen Kirche gegründet. Der Pabst habe sie durch ein Breve vom 30. Juni 1830 sehr mißbilligt und darin die oberrheinischen Bischöfe aufgefordert, sie in amtlicher Weise zu bekämpfen und ihre verderblichen Grundsätze darzustellen. Da die Regierungen hierauf keine Rücksicht genommen, so liege die Verordnung als ein Stein des Anstoßes, als ein Grund der Zwietracht zwischen Staat und Kirche, in der Mitte, von wo ans in mißlichen Zeiten Charaktere und Leidenschaften das öffentliche Wohl erschüttern könnten.

Es scheint, die Beschwerdeschrift will diese Zeit durch ihre Diatriben gegen die Regierungen der oberrheinischen Provinz herbeiführen; denn mit welcher Leidenschaftlichkeit äußert sie sich, nachdem sie die fünf Bestimmungen, welche ihr hauptsächlich anstößig erscheinen, angeführt hat? Damit sey, wie sie behauptet, die Re-

---

\*) Wir finden allerwärts eine gleich fortschreitende Vermehrung, so daß man gegenwärtig die evangelisch=protestantische Bevölkerung zu 2,960,000 und die katholische zu 1,930,000 annehmen kann.

ligions- und Gewissensfreiheit aufgehoben. Man dürfe
nicht entgegnen, daß jene Bestimmungen nie die äußerste Consequenz
erreichen würden, die darin liege; diese schwache Ausflucht wäre der
Regierung nicht würdig, und könnte die Sclaverei der Katholiken nicht beschönigen. — Man habe sich über das Oberhaupt der
Kirche und das Kirchenrecht weggesetzt und allgemeine Grundsätze
zum positiven Rechte machen wollen, die in der Theorie so über-
schwänglich seien, daß sie in der Praxis ans Lächerliche streiften,
weil keine Regierung die Macht besitze, sie wirklich auszuführen.
Nach der Verordnung habe die Regierung sich das Recht zuerkannt,
die Katholiken des Landes zu Protestanten, Heiden, und was sie
wolle, zu machen. — Warum lege sie sich eine Macht bei, die ihr
der geringste Verstand abspreche? — Sie habe feindseligen Rath-
schlägen nachgegeben, weil sie das Mißtrauen gegen die Katholiken
nicht habe überwinden können. Es ist noch nicht genug; sie frägt
weiter: „Was hat denn der Pabst, was die Erzbischöfe, was die
Katholiken des Landes unserer Regierung gethan, daß sie dieselbe
in ihren heiligsten religiösen Rechten zur Sclaverei herabgedrückt,
geringer als Juden behandelt, welchen sie nichts zu glauben, zu
beten, zu fasten vorschreibt, was ihrem Gesetz entgegen ist? Und
mit welchem Rechte darf die Regierung Vertrauen von den mißhan-
delten Katholiken verlangen, das sie doch immer und überall an-
spricht und nicht entbehren kann?" „Nach der Verordnung," so
phantasirt die Beschwerdeschrift weiter — „werden die Katholiken
nur noch aus Gnade von der Regierung im Lande geduldet, sie haben
kein Recht ihrer religiösen Existenz, es liegt in der Willkühr der Regierung, denselben alle confessionellen Rechte zu entziehen
und die seitherige Geschichte beweist, daß die betref-
fenden Staatsbehörden auf diesen Zweck hinarbeiten."
Das sei hart zu sagen, meint die Beschwerdeschrift, aber die Verordnung sey härter, die Geschichte unerbittlich.

Der Ausbruch eines Zorns, der jedes Grundes entbehrt,
und sich durch sich selbst steigert, hat eine komische Seite. Wir
lassen uns von ihr nicht reißen. Aber fast sind wir zweifelhaft,
ob ein so leidenschaftliches Gerede ein ernstes Wort der Erwiederung
verdiene. Nur weil es auf bestimmte Artikel der Verordnung vom
30. Januar 1830 Bezug nimmt, wollen wir diese Bestimmungen
einer Untersuchung unterwerfen, zuvörderst aber über den allgemeinen

Widerspruch, den die Beschwerdeschrift gegen die Großherzogliche Ordonnanz, auf die mangelnde Zustimmung des Pabstes sich stützend, einlegt, einige allgemeine Bemerkungen hier niederlegen.

Die Großherzogliche Staatsverordnung vom 30. Januar 1830 beruht allerdings nicht auf einer Uebereinkunft mit dem römischen Stuhle, sondern lediglich auf einer Vereinbarung mit den übrigen Staatsregierungen derober rheinischen Provinz. Die Staaten, welche sie bilden, sind äußerlich keiner höhern Gewalt unterworfen und bedürfen für die Acte ihrer Gesetzgebung keiner fremden Zustimmung. Wie sie aber überhaupt in der Gesetzgebung und in der Ausübung ihrer Regierungsgewalt die Schranken nicht überschreiten sollen, die ihnen in der Natur der Staatszwecke, in allgemeinen Grundsätzen der Gerechtigkeit, und in positiven Verbindlichkeiten irgend einer Art gesetzt sind, so haben sie diese Verpflichtung vor Allem auf das gewissenhafteste zu erfüllen, der Kirche gegenüber, als der ersten, wichtigsten und heiligsten socialen Anstalt, deren Zwecke höher stehen, als jeder andere gesellschaftliche Zweck, und deren wohlthätige Wirksamkeit die sichere Erstrebung der edelsten und wichtigsten Staatszwecke bedingt. Sie sind auch verpflichtet, innerhalb jener Schranken ihrer, dem Rechte nach freien Bewegung, die Gebote einer weisen, die Interessen der Kirche möglichst fördernden Politik nicht zu überhören, und Conflicte, welche die Kirche berühren, nach Recht und Billigkeit und mit jeder möglichen, schonenden Rücksicht auf jene Interessen zu vermitteln zu suchen. Nur darum kann es sich also handeln, ob die Regierungen, welche über die Länder der oberrheinischen Provinz gebieten, durch die berührte Verordnung die allgemeinen Gesetze der Gerechtigkeit, die Gebote der Staatsklugheit oder positive Verpflichtungen gegen die katholische Kirche, nach irgend einer Seite hin, gegen den römischen Stuhl, gegen die Landeskirche, den Landesbischof, oder in irgend einer andern Beziehung verletzt haben. Daß dieß geschehen, folgt weder aus der mangelnden Zustimmung des Pabstes, noch selbst aus einem von irgend einer Seite her dagegen eingelegten Widerspruche.

Ein solcher Widerspruch ist allerdings erfolgt. Nicht nur wurde der Erzbischof durch das päbstliche Breve vom 30. Juni 1830 aufgefordert, die Grundsätze der Verordnung in amtlicher Weise zu bekämpfen, und von ihm, wie wenigstens theilweise auch von den übrigen Bischöfen, dieser Aufforderung Genüge geleistet, son-

dern auch, als seine Vorstellungen erfolglos blieben, von dem römischen Hofe unmittelbar bei den vereinten Regierungen Beschwerde
erhoben, die sie jedoch eben so wenig zur Zurücknahme oder Abänderung jener Verordnung bestimmen konnte.

Wer die verschiedene Stellung beider Theile und die Natur
ihres Meinungskampfes erwägt, begreift leicht, wie ein billiger
Beurtheiler der Verhältnisse zu der Ansicht gelangen kann, weder
den einen noch den andern Theil treffe wegen des Beharrens auf
seinen Grundsätzen ein gerechter Vorwurf. Wird aber ihre wechselseitige Stellung in Folge eines Zwiespalts nicht eine feindselige?
Keineswegs! Wer weiß nicht, daß es eine Reihe von wichtigen,
das Verhältniß des Staats zur Kirche berührender, Fragen gibt, auf
welche die Fürsten aller Länder und die römische Curie verschiedene
Antworten haben, und über welche sich in festen vertragsmäßigen
Bestimmungen verständigen zu wollen, jeder Versuch vergeblich
wäre. Wer weiß nicht, daß die wichtigsten Veränderungen, die sich
in den äußern Verhältnissen der katholischen Kirche in fast allen
europäischen Ländern ergaben, bis zum heutigen Tage von Rom
nicht anerkannt sind, daß es gegen die Bestimmungen des westphä-
lischen Friedenstractats, wie gegen die Verfügungen des deutschen
Reiches in dem Deputationshauptschluß und gegen die Ergebnisse
des Wiener Congresses protestirt, und seine Protestationen bis heute
noch nicht förmlich zurückgenommen hat. Das Bedürfniß des Friedens zwischen Kirche und Staat ist stärker, als der Einfluß, den
alle im Laufe der Zeit auftauchenden Conflicte auf ihr wechselseitiges
Verhalten ausüben könnten. Ueber Alles, was zur Erhaltung dieses
Friedens, was zum Bestande der Kirche und zur Entwickelung des
kirchlichen Lebens nothwendig ist, muß man sich verstehen. Wie
erreicht man dieses Ziel? Man läßt überall, wo eine Verständigung zu solchem Zwecke sich als unabweißlich darstellt, alle andern
streitigen Fragen zur Seite liegen, damit man um so sicherer das
dringendere Bedürfniß befriedige. Hat man aber auf diesem Wege
einmal einen friedlichen Zustand gewonnen, so hütet man sich, ohne
Noth den ruhenden Streit wieder anzufachen.

Wir wollen jene gegenseitige Stellung oder vielmehr das bei
unserer Frage zu beachtende mehrfache Verhältniß der Staaten zur
katholischen Kirche und zu ihrem Oberhaupte, so wie der Regierungen

und des Pabstes zu dem Erzbischofe und den Bischöfen der Landeskirchen, etwas näher betrachten.

Der Staat erkennt die Unabhängigkeit der Kirche in ihrem
Innern an, die Kirche seine Gewalt oder seinen Einfluß in ihren
äußern Verhältnissen. In der Idee steht Beides geschieden, im
wirklichen Leben finden aber mannigfaltige Berührungen Statt *)
und zeigt sich der Einfluß der kirchlichen Autonomie in so vielfachen
Beziehungen, daß es nicht möglich ist, im Allgemeinen jene innere
Sphäre genau auszumarken und das Verhältniß des Staats zur Kirche
scharf zu bezeichnen. Daher können im Gebiete der Rechte wie der
Interessen Conflicte nicht ausbleiben, die, wo kein Verständniß ein-
tritt, die Staatsgewalt zu entscheiden sich berechtigt halten muß,
weil der Staat ohne oberste Gewalt nicht möglich ist, und es nur
eine höchste Macht geben kann. Das Daseyn dieser obersten
Gewalt ist ja, wo Staat und Kirche nicht in Eines zusammen fallen,
die nothwendige Bedingung der besondern Existenz der letzten. Die
staatsverfassungsmäßigen Verfügungen und Entscheidungen der obersten
Regierungsgewalt haben aber in ihrem Staatsgebiete formelle
Gültigkeit, selbst wenn die Kirche widerspricht. Dieß ist der Boden,
auf den sich die Staaten, seitdem die Kirche ihr Streben nach
einer Art Obergewalt über die weltliche Regierung aufgeben mußte,
gestellt haben. Ein drittes Zulässiges gibt es nicht, denn es wäre
kein Zustand der Ordnung, sondern ein ewiger Krieg.

Dagegen stützt sich der römische Stuhl, indem er sich mit
den Regierungen über das, was zum äußern Bestand der Kirche
unbedingt nothwendig ist, zu verstehen sucht, ohne die oberste Gewalt des Staates im allgemeinen anzutasten, lediglich auf die Idee
der Unabhängigkeit der Kirche in ihrem innern Leben, ignorirt
die Schwierigkeit oder Unmöglichkeit einer scharfen Trennung der
innern und äußern Seite, wie die Unvermeidlichkeit der Conflicte,
und geht von der Voraussetzung aus, daß die Kirche niemals aus
dem Kreise ihres unabhängigen Wirkens heraustreten, oder innerhalb
dieses Kreises etwas unternehmen werde, was dem bürgerlichen Leben
oder den Rechten und Interessen des Staates Nachtheil drohe, und

---

*) Sie begegnen sich auch in einer gemeinschaftlichen Sphäre, in der beide
  unmittelbar zu wirken berufen sind — in der Sphäre der Sittlichkeit

ihm gerechten Grund zu seinem Einschreiten geben könne. Daher
hat der römische Stuhl, begünstigt durch die freie Stellung, die dem
Oberhaupt der Kirche die weltliche Hoheit über ein Staatsgebiet
gewährt, das placetum regium noch niemals und keinem Staate
gegenüber förmlich anerkannt. Wozu diese Anerkennung des Aufsichtsrechts — fragt er — da er ja die Sphäre seines unabhängigen Wirkungskreises nicht überschreiten will und wird? Und wozu
diese Anerkennung — kann der Staat fragen — da er in dem seiner Hoheit unterworfenen Gebiete die legitimen Herrscherrechte ebenfalls nach göttlicher Satzung übt, und wo er nach Pflicht und Gewissen einzuschreiten sich berufen fühlt, einschreiten kann und muß?
Allerdings hat nun unter der theoretischen Voraussetzung, von welcher die römische Curie ausgeht, in ihren Augen jede Nichtgeneh-
migung einer päbstlichen Verfügung, welchen Namen sie tragen
möge, den Character einer formellen Verletzung der Unabhängigkeit der Kirche; ob aber diese Verletzung auch eine materielle
sei, ist überall eine andere Frage, die nur aus der Natur der Sache,
aus entscheidenden positiven Normen und dem Herkommen beant-
wortet werden kann. Ergiebt sich in dieser Beziehung in einzelnen
Fällen ein Conflict, so wird die Curie auch da, wo sie zuletzt sich
überzeugt, daß der Kirche kein Unrecht geschehen, oder die Sache
zweifelhaft oder unerheblich erscheint, ihre Anerkennung des Re-
gierungsactes nicht leicht förmlich ausdrücken, sondern sich still-
schweigend beruhigen, oder durch eigene Verfügung, welcher die
Regierung ihre Staatsgenehmigung ertheilen kann, den Anstoß beseitigen. Wir sahen nun in der That, wie beim ersten Beginnen
der Verhandlungen der vereinigten Staaten mit Rom, obwohl man
weit entfernt blieb, sich über die Grundsätze der Declaration zu verstehen, in freundlicher Weise Alles zur Seite gelegt wurde, was nicht zu
der äußeren Begründung der Kirche nothwendig gehörte, und man sich
über dasjenige, was hiezu gehörte, im Jahr 1821 verständigte; wir sahen,
wie später die in Folge der Designation des Erzbischofs und der Bischöfe entstandene Irrung ebenso, ohne daß der eine oder andere
Theil seinen Grundsätzen entsagte, ausgeglichen wurde, und wie
hierauf wiederum Verschiedenes, worüber voraussichtlich eine Vereinigung nicht zu erzielen war, in dem Ultimatum vom Jahre 1825
zur Seite gelegt ward, und wie endlich, als man auch über die
Artikel 5 und 6. des päbstlichen Ultimatums sich nicht verständigen

kounte, man sich durch wechselseitige gleich freundliche Erklärung half, um den Vollzug dessen, worüber man sich vereinbart hatte (Art. 1 — 4), nicht aufzuhalten. Ja, als man dem römischen Stuhle, durch die gestattete Aufnahme der beiden widersprochenen Artikel (5 u. 6.) in die Bulle vom 6. Januar 1827, die Veröffentlichung auch seiner Verwahrung in der oberrheinischen Provinz möglich machte, erwiederte er diese Bereitwilligkeit durch die oben (Abschnitt 2) mitgetheilte Erklärung von demselben Tage, welche selbst eine indirecte Anerkennung der Staatsrechte enthielt, die explicite auszusprechen er sich nicht versteht.

Wenn auch leicht begreiflich, wo die Umstände sich günstig zeigen, es an Versuchen nicht fehlt, von dem verlorenen Terrain der Principien wieder zu gewinnen, und bei entstandenen ernstlichen Zerwürfnissen, man in den Allocutionen, Bullen und Breven mehr oder weniger die alte Sprache vernimmt, so glauben wir doch das Verhalten des römischen Stuhles in der Regel in dem hier entwickelten Sinne auffassen zu dürfen. *)

Die Stellung der Landesbischöfe ist durch ihr doppeltes Verhältniß zur Regierung und zum römischen Stuhle ein sehr be=

---

*) An Einzelnen, die zu Uebertreibungen geneigt und ganz ernstlich in der alten Lehre von der Macht der Kirche über den Staat und mehr oder weniger in den Ansichten, die der römische Theolog Robertus Bellarminus Politianus in seinem Werke: de Romano pontifice (insbesondere Lib. V. c. 6.) niedergelegt hat, befangen sind, fehlt es freilich nicht, weder unter uns, wo sie jedoch zu den Seltenheiten gehören, noch in Rom. Daß sie dort aus den Congregationen ihre Stimme bisweilen erheben, darüber darf man sich nicht wundern. Erwäge man doch den Einfluß, welchen das so innig verbundene kirchliche und bürgerliche Leben im Kirchenstaate auf die Ansichten und Vorstellungsweise mancher Geistlichen haben muß, die das Leben in Ländern, wo nicht nur Kirche und Staat geschieden sind, sondern auch verschiedene Kirchen neben einander bestehen, und ihre Angehörigen neben und untereinander wohnen, nie aus eigener Anschauung kennen gelernt haben. Auch mögen die Umsicht und Klugheit der hohen Geistlichkeit, welcher die obere Leitung der Angelegenheiten der Kirche anvertraut ist, und welche die Zeit und was sie unabweislich fordert, zu würdigen verstehen, nicht immer ohne vorangegangene Kämpfe zu ihrem Ziele gelangen, und bisweilen vielleicht selbst nur sehr ungerne versagen, was sie nach den Umständen und wahrzunehmenden Rücksichten zu gewähren verhindert sind.

licates. Sie können auf der einen Seite nicht aus der Unterordnung gegen das Oberhaupt der Kirche heraustreten. Auf der andern Seite bringt sie ihre Wirksamkeit in unmittelbare Berührung
mit den Behörden des Staates, dessen Hoheit sie in der Ausübung ihres
Amtes in allen äußern Beziehungen, wie in ihrer staatsbürgerlichen
Eigenschaft unterworfen sind. Zum Handeln und Ausführen berufen,
bereitet ihnen jeder Conflict, der aus der Verschiedenheit der Grundsätze und Ansichten der Regierungen und der römischen Curie ent-
springt, Verlegenheiten. Wie für alle Staatsgenossen, haben auch
für sie alle Acte der Staatsgesetzgebung und die Entscheidungen der
hienach competenten Staatsbehörden formelle Gültigkeit, auch wo
sie glauben, gerechte Beschwerde über materielle Verletzung der Rechte
der Kirche erheben zu dürfen, oder erheben zu müssen. *) Hierzu
sind sie aber auch eben so der römischen Curie gegenüber im Interesse der Landeskirche befugt und überall verpflichtet, wo ihnen etwas
zugemuthet wird, was ihrer wohlbegründeten Ueberzeugung wider-

---

*) Die Beschwerdeschrift sieht in jeder Weigerung des Staates, eine Anord-
nung und Verfügung der Kirche anzuerkennen, eine Verletzung ihrer
Rechte, eine Feindseligkeit der Regierung, weil er die Kirchengewalt,
nicht nur dem Principe nach, in ihrer eigenthümlichen Sphäre als unabhängig, sondern auch in ihrem äußerem Verhältniß zum Staate als
coordinirt betrachtet. Jede der Kirche nicht willfährige Entscheidung ist
ihr daher ein Act der Unterdrückung. Wir verstehen die Unabhängigkeit
der Kirche nicht anders, als jede andere Freiheitssphäre (der Individuen,
Familien, Gemeinden und Korporationen), in welche der Staat seinem
Zwecke und seiner positiven Verfassung gemäß nicht eingreifen soll. Nur
wird jeder zugeben, und geben auch wir zu, daß der Staat dringendere
und wichtigere Gründe habe, sich auf das sorgfältigste vor Allem zu
hüten, was wirklich die Rechte der Kirche, ihre gesetzliche Unabhängigkeit und die Freiheit der Gewissen verletzen könnte. Während er sich
durch ungeeignete Versuche, z. B. über Kunst und Wissenschaft zu herrschen, nur lächerlich macht, während er durch drückende, die bürgerliche
Freiheit, die ökonomischen Interessen u. s. f., berührende Anordnungen
Aufregungen bewirkt, welche er eher noch durch strenge, die Widerstrebenden mit zeitlichen Nachtheilen bedrohende Maaßregeln niederhalten
kann, wird er durch Gewissensdruck leicht einen Widerstand hervorrufen,
der seinem Zwecke willig alle zeitliche Güter opfert, und der mit dem
Maaße der Anstrengungen, die ihn überwältigen sollen, an Stärke ge-
winnt.

strebt und ihre Rechte verletzt oder die Landeskirche mit Nachtheilen bedroht.*)

In solcher schwierigen, doppelten Stellung der Staatsgewalt und dem Oberhaupt ihrer Kirche gegenüber sind sie vorzüglich zur versöhnenden Vermittelung zwischen beiden berufen. Diese Aufgabe erfordert große Klugheit, und daher zeichnet diese Tugend das Oberhaupt der Kirche unter den Eigenschaften, die ein Bischof besitzen soll, als eine ganz wesentliche aus. Jene Aufgabe erfordert auch, daß, wer in solcher Stellung sich befindet, des Vertrauens beider Theile sich erfreue, und daher suchte man durch die Wahlvorschriften auch zu sorgen, daß Keiner zum Bischofe gewählt werde, der nicht das Vertrauen der Regierung wie des römischen Hofes besitzt.**)

Zum Versuche einer freundlichen und klugen Vermittelung gab das Breve vom 30. Juni 1830, das dem römischen Stuhle durch die gehässigsten, aus den unlautersten Quellen geflossenen Nachrichten über den angeblich betrübtesten Zustand der Religion und der Kirchen in der oberrheinischen Provinz entlockt worden war, sämtlichen Bischöfen eine schöne Gelegenheit. Ob der verstorbene Erzbischof wohl daran that, Statt sie zu benutzen, vielmehr gegen die Großherzogliche Verordnung bei der Regierung auf eine ganz entschiedene Weise zu remonstriren und den römischen Hof zur Erhebung einer unmittelbaren Beschwerde bei den vereinten Staaten aufzufordern, und ob seine bittere Klage, welche die Beschwerdeschrift wieder aufnimmt, begründet war, dies wollen wir nach der Digression, die wir uns erlaubt, sofort untersuchen.

Vor Allem ist wohl kein Zweifel, daß wenn die Staaten, deren Gebiete die oberrheinischen Provinzen bilden, sich über gemeinsame Grundsätze für die Ausübung ihres Schutz= und Aufsichtsrechts zu vereinigen suchten, sie dem Gebot der Staatsklugheit gehorchten, und eine solche Vereinbarung dem eigenen Interesse der

---

*) Bellarmin selbst sagt in dem angeführten Werke, Lib. I. cap. 29. unter Voraussetzung gewisser Fälle: Licet ei (Pontifici) resistere, non faciendo quod jubet et impediendo ne exequatur voluntatem suam

**) Das päbstliche Breve an das Kapitel zu Freiburg vom 28. Mai 1827 sagt: Vestrarum erit partium, eos adsciscere quos ante solemnem electionis actum noveritis praeter qualitates ceteras ecclesiastico jure praefinitas prudentiae insuper laude commendari nec Serenissimo Principi minus gratos esse

Kirchen der oberrheinischen Provinz entsprach, da diese nur wünschen konnten, daß sich überall ein gleiches kirchenrechtliches Verhältniß in dem ganzen Metropolitangebiete herausstelle. Die verhältniß= mäßig ungleiche Größe der katholischen Bevölkerungen in den ein= zelnen Ländern vermochte keine Verschiedenheit zu rechtfertigen, da das Recht niemals von der Zahl der Betheiligten abhängen kann. Ja, die Vereinbarung zwischen den Staaten war ein Nothwendigkeit, da sie durch die Errichtung des Erzbisthums in ein gemeinschaft= liches Verhältniß der Kirche gegenüber traten. Sie enthält, außer den nothwendigen auf den Metropolitanverband bezüglichen Bestim= mungen, eine Reihe wohlthätiger, lediglich aus dem Interesse der katholischen Kirche hervorgegangener gemeinsamer Beschlüsse, wie na= mentlich über die Ausdehnung des Pfarrverbandes auf alle katho= lischen Einwohner, die früher keiner katholischen Pfarrei angehörten, sodann über die, außer den canonischen Eigenschaften erforderlichen Bedingungen der Wahl der Bischöfe und der Anstellung der Dom= capitularen; ferner über Bildung der Geistlichen, über Concursprü= fungen, über den Tischtitel, über die Gründung eines allgemeinen ka= tholischen Kirchenfonds in jedem der Bisthumssprengel u. s. w.

Haben nun aber jene Staaten durch die von der Beschwerdeschrift angefochtenen einzelnen Bestimmungen ihrer Vereinbarung die Rechte der katholischen Kirche verletzt, sind die furchtbaren Be= schuldigungen, welche die Beschwerdeschrift gegen sie schleudert, wirk= lich gegründet? Es wäre schlimm, wenn diese Frage auch nur theil= weise bejaht werden dürfte. Wir verneinen sie ihrem ganzen Um= fange nach. Zwar ist kein Zweifel, daß es eine Zeit gab, wo die Rechte der Staatsgewalt verkannt, wo andre Grundsätze in Geltung standen. Aber es gab auch Zeiten, wo die Gewalt des Staates über die Kirche weiter ausgedehnt, viel größer war, als sie sein sollte, und als es das natürliche Recht der Kirche und das eigene Interesse des Staats erlaubte. Ueberblickt man die Veränderungen, welche von den ersten Jahrhunderten an die christliche Kirche erlitt, und die Zustände, in denen sie sich, bald hier, bald dort befand, so wird man, wie wir bereits bemerkt, für jede Ansicht, die man be= gründen will, einen Apparat historischer Hülfsmittel zusammenlesen können; so wie es auch für jede Meinung nicht an Theorien fehlt, welche staatswissenschaftliche Bestrebungen zu begründen suchten. — Die Regierungen wühlten aber nicht in den Archiven der Geschichte längst vergangener Zeilen, sie fragten nicht nach den Lehren willkührlicher Theorien, sie hielten sich an das im Laufe der Zeit wirklich Gewordene, an das, durch weit verbreitete Uebung und festes Herkommen, Begründete, und berücksichtigten insbesondere die Bestimmungen der ehemaligen kaiserlichen Wahlcapitulationen und die kaiserlich österreichischen Kirchenrechte, die in einem großen Theile der oberrheinischen Provinz längst in Geltung standen. So gewiß man annehmen darf, daß sie einer Reaction gegen die herkömmlichen Rechte des Staats sich auf das Entschiedenste widersetzen würden, eben so klar ist es uns, daß sie eben so wenig nach der andern Seite hin au dem Bestehenden rütteln wollten. In beiden Fällen wäre gar nicht abzusehen, wohin man gelangen würde. Wie wenig die von der Beschwerdeschrift angefochtenen, auf das Herkommen basirten Bestimmungen der Verordnung die Rechte und Ansprüche der Kirche ihren Principien nach verletzen, und wie wenig die von der Beschwerdeschrift daraus gezogenen Folgerungen begründet sind, soll aus der Beleuchtung der von ihr aufgestellten fünf Beschwerdepunkte klar werden.

Sie sagt:

„1) Die Errichtung des Erzbisthums kann von der Staatsregierung jeden Augenblick einseitig und nach Gutdünken wieder aufgehoben werden."

Sie folgert dies aus den Worten des §. 5. der Verordnung: „Alle römische Bullen, Breven und sonstigen Erlasse müssen, ehe sie kund gemacht werden, die landesherrliche Genehmigung erhalten und selbst für angenommene Bullen dauert ihre verbindende Kraft nur so lange, als nicht im Staate durch neue Verordnungen etwas Anderes eingeführt wird."

Dies ist lediglich eine Wahrung des placeti regii, das überall gilt, und gelten muß, wenn die Kirche nicht — es ist nicht genug zu sagen — einen Staat im Staate bilden, sondern den Staat meistern und unterjochen soll. Hat aber der Souverain das Recht, den päbstlichen Bullen, Breven u. s. f. seine Genehmigung zu ertheilen oder zu verweigern, so hat er auch das Recht, sie in jedem einzelnen Fall bedingungsweise oder widerruflich zu geben, so kann er auch, wie es sich von selbst versteht, aber in manchen Gesetzen ausdrücklich geschah, durch allgemeine Regel das Placet überhaupt für widerruflich erklären.

Allein aus Allem diesem folgt nicht, was die Beschwerdeschrift
aus den Bestimmungen des §. 5. gefolgert hat. Die Kirche hat
einen von den päbstlichen Bullen und Breven unabhängigen Rechtszustand. Es ist daher wahrhaft abenteuerlich, aus den angezogenen
Bestimmungen zu schließen, daß sich die Regierung ermächtigt halten
könnte, die Errichtung des Erzbisthums wieder aufzuheben. Der Bestand des Erzbisthums ist mehrfach gesichert, einmal durch die Verfassungsurkunde, sodann durch den §. 36. des Reichsdeputationshaupt-
schlusses, der eine feste und bleibende Ausstattung der Domkirchen
verlangt, daher die einmal erfolgte als unwiderruflich erklärt, und
dessen fortdauernde Gültigkeit der katholischen Kirche gegenüber nicht
bezweifelt werden kann.*) Er ist es endlich auch durch die mit
dem römischen Hofe getroffene Vereinbarung. Denn wurde auch
kein förmliches Concordat geschlossen, so hat, nach unserer Ansicht,
was verabredet, und von der einen oder andern Seite zugesagt
worden, doch die Kraft eines Vergleichs. Was aber im Umfange
der Uebereinkunft (oder wie man das Verhältniß bezeichnen mag)
liegt, kann nur aus den wechselseitigen Erklärungen und dem Ueberblick des Ganzen der Verhandlungen erkannt werden, und diese zeigen auf's Klarste, daß die Abschnitte V. und VI. der Bulle Ad
Dom. Gregis custodiam nicht dazu gehören, wohl aber was beide
Bullen über die Bildung der oberrheinischen Provinz, über die Ausstattung und Einrichtung der dazu gehörigen fünf Bisthümer und
Domkapitel, über die Besetzung der bischöflichen und des erzbischöflichen Stuhles und über die Domstiftspräbende bestimmen.

Ueberhaupt versteht es sich von selbst, daß wenn der Staat
sich im Allgemeinen das Recht, nach Gutbefinden Aenderungen in
einem gegebenen Zustande zu verfügen, vorbehält, doch stets nur
solche gemeint sein können, die zu treffen, er nicht durch natürliche
oder positive Verpflichtung verhindert ist; denn Rechtsverletzungen
kann und darf er nie gut finden. Ist er auch berechtigt, der Einführung neuer oder der Wiederaufnahme längst abgekommener und den
bestehenden, durch die Zeit geheiligten Uebungen widersprechender
Lehren, Grundsätzen und Einrichtungen seine Genehmigung zu versagen, wenn sie den Frieden des Landes zu stören und dem bürger-

---

lichen Leben erhebliche Nachtheile zu bringen drohen; so kann und darf er dagegen im Gebiete der Glaubenssachen, wesentlicher Religionshandlungen und Einrichtungen, was in anerkannter Geltung stehet, nicht in Frage stellen oder gar eigenmächtig abändern, ohne seine heiligsten Verpflichtungen zu verletzen. Aber es gibt auch außerwesentliche Bestimmungen, Uebungen und Einrichtungen, welche sich in der fortschreitenden Entwickelung des gesellschaftlichen Zustandes nachtheilig oder verderblich erweisen können, und nur weil es solche gibt — wie Niemand leugnen wird — muß der Staat sein Recht für solche Fälle sich vorbehalten. — Aus der allgemeinen Fassung des Vorbehalts darf man so wenig folgern, daß er alles in Geltung Stehende abzuändern, sich für berechtigt ansehe, als aus dem Gesetzgebungsrechte überhaupt, daß die Staatsgewalt auch ungerechte und verderbliche Gesetze geben dürfe. Die Verordnung bestimmt, wie gesagt, nichts anderes, als daß das landesherrliche Placet an sich nicht unwiderruflich sei. Fragen anderer Art, die sich hier noch aufwerfen ließen, mögen unberührt bleiben.

Die Beschwerdeschrift sagt weiter:

„2) Die Glaubenslehre der Katholiken unterliegt der Genehmigung der Staatsbehörden, welche den katholischen Katechismus und das Gesangbuch des Ordinariats bewilligen oder verwerfen können." (§. 4.)

„3) Die Religionsübung der Katholiken hängt von dem Gutbefinden der Regierung ab, sie entscheidet, ob die Pfarrer nach erzbischöflicher Vorschrift Messen und Gottesdienst besorgen, und die Diöcesanen sich z. B. an das Fastengebot hatten sollen oder nicht u. dgl. (§. 4.)"

In diesen Behauptungen und den daran geknüpften, theilweise oben mitgetheilten Bemerkungen liegt eine böswillige Verdrehung der Vorschriften, welche der §. 4. der Verordnung ertheilt. Dieser verlangt allerdings, daß die vom Erzbischof und andern kirchlichen Behörden ausgehenden allgemeinen Anordnungen, Kreisschreiben an die Geistlichkeit und Diöcesanen, wodurch dieselben zu etwas verbunden werden sollen, so wie auch besondere Verfügungen von Wichtigkeit, der Staatsgenehmigung unterliegen und nur mit der ausdrücklichen Bemerkung der Staatsgenehmigung kund gemacht werden können. Er verlangt weiter, daß auch solche allgemeine kirchliche Anordnungen und öffentliche Erlasse, welche rein geistliche Gegenstände betreffen, den Staatsbehörden zur Einsicht vorzulegen seien, und deren Kundmachung erst alsdann erfolge, wenn dazu die Staatsbewilligung ertheilt werden.

Wer gegen diese Vorschriften Einwendungen erhebt, beurkundet seine gänzliche Unkenntniß des beinahe allerwärts bestehenden Rechts. Was wir auch hierüber sagen möchten, wird den Verfasser der Beschwerdeschrift nicht überzeugen; wir wollen daher einen unverwerflichen katholischen Schriftsteller anführen, den der Vorwurf des Febronianismus und Josephismus nicht trifft. Waiter sagt in seinem Lehrbuch des Kirchenrechts §. 39: — „wenn der Staat die Kirche schützen soll, so muß er sich auch die Ueberzeugung verschaffen dürfen, daß sie das, was sie für sich verlangt, wirklich erfülle, und daß sie keine neuen, von ihrem ursprünglichen Inhalte wesentlich abweichenden, oder der bürgerlichen Ordnung widerstreitenden Bestimmungen in sich aufnehme." Er sagt ferner im §. 186: — „die verbindliche Kraft der geistlichen Verordnungen für die einzelnen Gläubigen hängt von der Promulgation in der Diöcese ab, und dazu muß nach der alten Observanz fast aller Länder, auch die weltliche Behörde ihre Zustimmung ertheilen. Jedoch ist dieses Recht im Geiste einer christlichen Obrigkeit mit großer Schonung zu gebrauchen. Namentlich kann die Regierung Verordnungen dogmatischer Art oder solche, die blos auf die Erhaltung der bestehenden Einrichtungen gerichtet sind, ohne Verletzung der Gewissensrechte, oder des zugesicherten Besitzstandes nicht hindern, sondern von diesen nimmt sie nur Einsicht, um sich zu überzeugen, daß ihnen nicht Verordnungen anderer Art beigemischt seien." Es möchte nun vielleicht scheinen, der Staat könne wohl, Statt in allen durch die Verordnung bestimmten Fällen die vorgängige Staatsgenehmigung als erforderlich zu erklären, es darauf ankommen lassen, ob die kirchliche Behörde, durch ihre allgemeinen Verfügungen, zureichende Gründe gebe, auf irgend eine Weise einzuschreiten, und sie zur Zurücknahme ihrer Bekanntmachung zu nöthigen. Allein, wenn ein solcher Fall sich auch nur höchst selten ereignen sollte, so wird er doch in seinem wie im eigenen Interesse der Kirche weit besser jeden derartigen offenkundigen Conflict vermeiden.

Die vorangehende Genehmigung ist insbesondere unbedingt geboten in allen Fällen, wo die kirchlichen Verordnungen die Geistlichen und Diöcesanen zu etwas verbinden, wozu ein Zwang Statt finden kann oder soll, da die Mittel zum bürgerlichen Zwange nur vom Staate abhängen. Anordnungen und allgemeine Erlasse, welche rein geistliche Gegenstände (spiritualia) betreffen, sollen nicht deswegen zur Einsicht und zur Bewilligung der Bekanntmachung vorgelegt werden, weil ihr Inhalt auf Glaubenslehre und Religionsübung sich bezieht, sondern nur, weil der Staat durch eigene Ansicht vor der Bekanntmachung sich überzeugen will, ob dies wirklich der Fall, und überhaupt nichts eingeflossen sei, was ihm zur Ausübung seines Aufsichtsrechtes wohlbegründete Veranlassung geben würde, also nicht um in das Innere der Kirche, in die Sphäre, in welcher sie sich frei bewegen soll, ungebührlich einzugreifen, sondern um seine eigenen Rechte zu wahren. Nur durch eine Verdrehung des Zweckes der angefochtenen Bestimmung konnte die Beschwerdeschrift zu ihren Erclamationen kommen. Diese bleiben so lange gehaltlos, als nicht Fälle angegeben werden können, in welchen die Regierung die Grenzen ihres Aufsichtsrechtes ungebührlich überschritten, ihr Recht nicht stets im Geiste einer christlichen Obrigkeit mit großer Schonung gebraucht hat. Was hierauf von speciellen Thatsachen, welche die Beschwerdeschrift in andern Abschnitten berührt, bezogen werden kann, ist bereits an seinem Orte gewürdigt, oder wird es noch werden. Aber, hören wir entgegnen, der Staat zeigt doch durch die vorläufige Einsichtsnahme ein verletzendes Mißtrauen gegen die Kirche. Solchen Einwurf trifft jede Aufsicht, und hat eine Färbung von Sentimentalität, welche in öffentlichen Verhältnissen nicht am rechten Platze ist. Die Regel einer vorläufigen Einsichtsnahme trifft ein solcher Vorwurf jedenfalls weit weniger, als Nachforschungen in einzelnen Fällen. Zudem beruht die Bestimmung keineswegs auf mißtrauischen Gesinnungen gegen die Kirchenbehörde, sondern lediglich auf der Absicht, das bedauerliche Aufsehen zu vermeiden, welches, da denn doch Conflicte, wie die Erfahrung lehrt, immer möglich sind, die Zurücknahme oder Nichtigkeitserklärung einer bereits verkündeten kirchlichen Verfügung zur Folge hätte. Dagegen ist es ja auf der andern Seite nur ein Mißtrauen gegen den Staat, daß er sein Einsichtsrecht mißbrauchen könnte, welches einen Widerspruch dagegen einlegt.

Wenn die Beschwerdeschrift zum Beweise der behaupteten Verletzung der Rechte der Kirche ferner anführt:

„4) Diöcesanbeschlüsse, auch wenn sie rein geistlicher Natur sind,
kann die Regierung bestätigen oder verwerfen (§. 18.),"
so dient hier alles, was wir über die Vorlage aller allgemeinen Erlasse, die rein geistliche Sachen betreffen, bereits gesagt haben, zur
Erwiederung.

Endlich wird noch zu dem angegebenen Zwecke beigefügt:
„5) Der Pabst hat in kirchlichen Streitsachen nicht mehr zu entscheiden. (§. 10.)"

Die Verordnung drückt aber lediglich einen von den bewähr-
testen canonischen Rechtslehrern gleichförmig angenommenen Satz
aus, indem sie sagt: „In keinem Fall können kirchliche Streitsachen
der Katholiken außerhalb der Provinz und vor auswärtigen Rich-
tern verhandelt werden. Es wird daher in der Provinz die nöthige
Einrichtung getroffen werden."

Wir enthalten uns, von dem alten Rechte, das unter den Ka-
rolingern galt, von den spätern Uebungen, von den Bestimmungen
des Basler Conciliums, von dem Inhalt der ehemaligen kaiserlichen
Wahlcapitulationen und von den österreichischen Gesetzen zu sprechen,
sondern wollen den Beschwerdeführer nur einladen, sich zu gedulden,
bis einmal ein Fall sich ereignet, der zur Anwendung der letzten
Vorschrift Veranlassung giebt, und es sich zeigt, wie die nur im Allgemeinen in Aussicht gestellte Einrichtung ins Leben gerufen wird.

Wir glauben nun nachgewiesen zu haben, daß die Verordnung
vom 30. Januar 1830 in ihren wesentlichen Bestimmungen auf
Grundsätzen über das Verhältniß des Staats zur Kirche beruht,
welche die europäische Vernunft und eine ganz entschiedene allgemeine Praxis unwiderruflich sanctionirt hat. Die Beschwerdeschrift
kämpfte dagegen an, indem sie überall Statt einen rechten Gebrauch
der Majestätsrechte des Staats, den Mißbrauch derselben voraussetzte. Will man alle Rechte, welche möglicher Weise mißbraucht
werden können, dem Staate versagen, so müßte er sich auflösen und
alles Recht aufhören. Die Beschwerdeschrift konnte ihre Klagen
nur durch specielle Thatsachen begründen; statt solche anzuführen,
blieb sie bei allgemeinen Beschuldigungen stehen, die schon ein allgemeiner Widerspruch so lange entkräftet, als man nicht bestimmte
Fälle des Mißbrauchs anzugeben weiß.

Das päbstliche Breve vom Juni 1830 hätte nicht ergehen
können, wenn man zu Rom nicht von der Voraussetzung ausgegan-

gen wäre, daß die Abschnitte 5. und 6. der Bulle **Ad Dom. Gregis custodiam** von den vereinten Staaten angenommen worden, und man den aus trüber Quelle geflossenen Nachrichten über den kirchlichen Zustand der oberrheinischen Provinz nicht zu viel vertraut hätte. Wenn aber der Erzbischof Bernhart, statt den römischen Stuhl über die wahre Lage der Kirche aufzuklären, wie es dem Vernehmen nach von Mainz aus geschah, sich auf eine Weise benahm, die seinem, durch die Natur seiner Stellung begründeten Berufe zur Vermittelung wenig entsprach, so ist es uns nicht unwahrscheinlich, daß er sich durch das ungestüme Drängen einer Partei hinreißen ließ, welcher die geheimen Berichterstatter angehörten.

Als die vereinten Höfe auf die unmittelbar an sie gerichtete päbstliche Note vom 5. October sich im Jahr 1834 mit aller Offenheit aussprachen, die gegen sie vorgebrachten Beschuldigungen gründlich beleuchteten und auf die letzten Verhandlungen und die gegenseitigen, auf die Art. 5. und 6. des Ultimatums und der darauf ergangenen Bulle bezüglichen Verwahrungen hinwiesen, wurde ihre Erklärung zu Rom so gut aufgenommen, als es nur immer erwartet werden konnte. Rom ließ seither die Frage gänzlich ruhen, und mehr konnten die Regierungen nicht verlangen. In der Folge aber (bei der Wahl des Erzbischofs) zeigte es sich, wie wenig durch jene Erörterungen das freundliche Verhältniß zwischen beiden Theilen gestört worden war. Wie erklärt sich dieses Benehmen des römischen Hofes? Ganz in dem Sinne, in welchem wir seine Stellung zu den Staaten aufgefaßt und oben dargestellt haben. Ohne das jus majestaticum circa sacra förmlich anzuerkennen, spart er seinen Widerspruch für die Fälle, in denen er nach seiner Ansicht eine materielle Verletzung der Rechte der Kirche erblickt, die ihm überall zugleich eine formelle ist. Er kennt den Zustand, in welchem die oberrheinische Provinz seit der erhobenen Beschwerde von 1833 und der im Jahre 1834 darauf ergangenen Antwort fortdauernd sich befindet, und da er wahrnimmt, wie die betheiligten Souveräne in steter Sorgfalt für die Interessen ihrer Landeskirchen und in ihrer liebevollen Haltung gegen ihre katholische Bevölkerungen verharren, so findet er ohnerachtet der ununterbrochenen Handhabung der Verordnung vom 30. Jan. 1830 keinen Grund zu einer Klage. Dazu ist es überhaupt nur gekommen, so oft es ehrgeizigen oder böswilligen geheimen Correspondenten gelang, für ihre Insinuationen einiges Gehör zu finden.

## 3.

### Streitigkeiten des Erzbischofs Bernhart mit der Regierung und seine Resignation.

Dieser Abschnitt der Beschwerdeschrift ist der Darstellung der Ursachen gewidmet, die den Erzbischof Bernhart kurz vor seinem Tode bewogen haben sollen, seine Würde in die Hände des Pabstes niederzulegen. Wir haben es darin wieder zunächst mit Klagen über das Benehmen von Angehörigen der katholischen Kirche zu thun; sie berühren den ehemaligen Professor der Theologie von Reichlin=Meldegg, den Professor der Rechte, Hofrath Ammann, und den Professor und geistlichen Rath Schreiber, den letzten in seiner frühern Stellung als Lehrer der Moraltheologie, endlich noch einen ungenannten katholischen Geistlichen.

Die Regierung ernannte v. Reichlin=Meldegg zum außerordentlichen Professor auf die günstigen Zeugnisse hin, die über ihn vorlagen; sie ernannte ihn zum ordentlichen Professor ebenfalls auf den Antrag der theologischen Fakultät, welcher durch den Ruf, den er von einer auswärtigen Regierung für eine katholisch theologische Lehrkanzel erhielt, unterstützt wurde. Sie konnte damals die Richtung, die v. Reichlin unmittelbar nachher nahm, so wenig voraussehen, als dieß wenige Jahre zuvor, als er die Priesterweihe erhielt, der kirchlichen Behörde möglich war. Die Beschwerdeschrift sagt zwar, daß von Reichlin bereits im Beginnen seiner Vorträge über die Kirchengeschichte die offenbare Tendenz gezeigt habe, die katholische Kirche herabzuwürdigen und ihr alle persönliche Vergehen, die sie längst verdammt hätte, aufzubürden. Allein indem sie unmittelbar nach Erwähnung seiner Ernennung zum Ordinarius sagt: „Nun trat er mit einer Rücksichtslosigkeit und mit solchem Geiste des Umsturzes gegen die katholische Kirche öffentlich auf u. s. f." giebt sie selbst zu erkennen, daß er erst von jenem Zeitpunkte an eine entschiedene, das Einschreiten der kirchlichen Behörde herausfordernde Richtung nahm. Wir bleiben weit entfernt, durch diese Bemerkung andeuten zu wollen, daß er die Gesinnungen und Ansichten, die er später offenbarte geraume Zeit vorher schon hatte. Wer ihn persönlich kennt, weiß, daß er die Kunst, seine Gedanken zu verbergen, schwerlich je geübt und vielmehr weit eher dazu neigte, mehr zu geben, als man von der Aufrichtigkeit zu verlangen berechtigt ist; und ohne Zweifel entsprach sein äußeres Benehmen, dem Gange, den er in seiner geistigen Entwickelung nahm.

Daß seiner Entfernung vom Lehramte eine Procedur vorausgehe, war unerläßlich, so klar auch ihr Resultat vorausgesehen werden mochte. Statt der Regierung in der ganzen Sache irgend einen Vorwurf zu machen, war vielmehr das Benehmen anzuerkennen, daß sie, nachdem von Reichlin von seinem Lehrstuhle entfernt und zum Protestantismus übergetreten war, beobachtete. Sie konnte ihm nach den Landesgesetzen nicht gebieten, Freiburg zu verlaßen; nur im Interesse der kirchlichen Behörde suchte sie diesen Zweck zu erreichen, indem sie ihm die Erlaubniß in Heidelberg Vorlesungen zu halten ertheilte, und ihm nur unter der Bedingung, daß er von dieser Erlaubniß Gebrauch mache, einen Sustentationsgehalt bewilligte *).

Die Regierung ließ es auf unbestimmte und allgemeine Beschuldigungen hin, welche gegen Professor Ammann (als Lehrer des Kirchenrechts) wegen Aeußerungen über kirchliche Disciplinargesetze vorgebracht wurden, an ernsten Erinnerungen und Abmahnungen nicht fehlen, und wenn sie die Nachweisung bestimmter Thatsachen abwartete, um in Beziehung auf die ihm übertragenen Lehrfächer eine Aenderung zu treffen, so war sie dieß nicht nur dem Interesse der Lehrfreiheit, sondern auch der Gerechtigkeit, und wenn sie mit Schonung dabei verfuhr, so war sie dieß einem Manne schuldig, dessen Privatcharakter alle Achtung verdient und dem sonst in seinem Berufe nichts zur Last fiel. —

Da die katholische Kirche für Disciplinargesetze eben so wenig eine Unveränderlichkeit, als eine Unfehlbarkeit behauptet, und anerkennt, daß sie auf gewöhnliche menschliche Weise nach dem Bedürfniß der Zeiten und Verhältnisse festgesetzt worden sind; so liegt ihre Untersuchung und Prüfung, wie die der Staatsverordnungen, innerhalb der Grenzen, welche die der Kirche schuldigen Rücksichten nicht zu überschreiten gebieten, im Freien. Mit Recht verlangt man von

---

*) Der Gehalt blieb nur kurze Zeit der Freiburger Casse zur Last, und mußte von der Heidelberger Universitätscasse übernommen werden, obwohl dort die Regel bestehet, daß Privatdocenten keine Gehalte bewilligt werden.

dem Lehrer und Erzieher junger Theologen bei solcher Prüfung ein
größeres Maaß von Umsicht und Zartheit. Ob den geistlichen Rath
Schreiber, wenn er dieser Forderung durch seine Aeußerungen
über das Cölibat in seiner Moraltheologie und seinen Vorträgen
hierüber nicht in dem verlangten Maaße entsprach, deshalb der harte
Vorwurf eines antikatholischen Schwindels treffe, haben wir nicht zu
untersuchen. Wir wissen nur, daß die kirchliche Behörde, aus Rücksicht auf den sehr ehrenwerthen Charakter und die wissenschaftliche
Tüchtigkeit des Betheiligten, nur ungerne einschritt und ihn seinem
Lehrstuhle zu erhalten wünschte. Da die Versuche einer Ausgleichung (die noch später fortgesetzt wurden und begreiflich seine
individuelle Ueberzeugung zur Seite legend, nur auf sein Verhalten
bei seinen Vorlesungen sich bezogen) nicht zum gewünschten Ziele
führten, so sprach die Regierung seine Versetzung zur philosophischen
Facultät aus, die an ihm einen Meister in den historischen
Fächern gewann.

Wer der ungenannte katholische Geistliche sey, dessen Leben und
Lehren Aergerniß gegeben und der so lange an einer Lehranstalt des
Landes gehalten worden sei, bis man ihn mit einer guten Pfarrei habe be-
lohnen können, sagt uns die Beschwerdeschrift nicht. Wir können
daher diese Anklage nicht näher beleuchten. Ohne Zweifel konnte
dem Unbekannten nichts Erweißliches zur Last gelegt werden, was
seine Entlassung vom Dienste im Wege des Gesetzes erlaubt hätte.
Die Beschwerdeschrift sagt: „Wir übergehen ähnliche Fälle; die
Staatsbehörden kennen sie wohl aus den Klagen, die an sie gelangen
und sie an ihre Verantwortlichkeit mahnen."

Wir wollen im allgemeinen einige Worte über solche Fälle
sagen. Allerdings kommen den Staats- und Kirchenbehörden manche
Klagen zu, aber die wohlbegründeten finden auch jederzeit ihre angemessene Erledigung. Viel häufiger sind aber jene Anzeigen, die
(wir sprechen hier nicht von der kirchlichen Behörde) lediglich auf
geheimer Spionerie, welche jede Klatscherei aufnimmt, und auf der
Leidenschaftlichkeit der Parteien, oder auf Leichtgläubigkeit beruhen.
Man untersucht und aller Beweis fehlt; aber nichts destoweniger
klagt man nun die Staats- und Kirchenbehörde des Mangels an
Energie und der Indifferenz an. Noch häufiger kommt es nicht zur
Untersuchung, weil der Angeber, um die nähern Umstände und um
die Quellen seiner Nachricht oder um Beweismittel befragt, sogleich zu-

rücktritt, nichts gesagt haben will, gegen jede Untersuchung protestirt, zu deren Einleitung es alsdann an jedem Erforderniß fehlt. Führen dann stille, eifrige Nachforschungen der Behörde zu keinem Resultate, so dauern dennoch die Beschuldigungen fort. Unbesonnener Eifer und leidenschaftliche Uebertreibungen der Zionswächter sind es aber, welche das, was sie verhüten wolten, erst hervorrufen, und den Kirchenbehörden wie den Staatsbehörden Verlegenheiten bereiten.

Wie kommt es, daß die einzelnen Fälle, welche die Beschwer-deschrift berührt, nur solche sind, in welche den Forderungen der Kirchenbehörden willfahrt wurde. Was hat er dabei den Staatsbe-hörden vorzuwerfen? Nichts, als daß sie nicht willkührlich und des-potisch ohne Untersuchung und reife Prüfung sogleich jeden, gegen welchen eine Beschuldigung vorliegt, von seinem Dienste entfernt.

Daß der hochbetagte würdige Erzbischof Bernhart, der das Ende mancher persönlichen Zerwürfnisse nicht mehr erlebte, unter ihren An-fängen schon litt, bezweifeln wir nicht. Sie waren auch der Großher-zoglichen Regierung verdrießlich und schmerzlich; sie hat aber das Benehmen einzelner Geistlichen, gegen welche die Kirchenbehörde klagt, so wenig zu verantworten, als die Uebertretung ihrer eigenen Gebote, welche sich der Eine oder Andere zu Schulden kommen läßt. Mit Unrecht erhebt die Beschwerdeschrift daher die weitere Klage, daß dem Erzbischof der ihm gewordene Schutz der Regierung nichts ge-holfen habe, indem sie erzählt, wie Pfarrer Hennhöfer, ohner-achtet des ergangenen Verbotes, eine Predigt in Mühlhausen gehal-ten habe. Die Regierung hat nur die Pflicht, diejenigen, die ihr Gebot brechen, zur Verantwortung zu ziehen, und dafür, so gut sie es vermag, zu sorgen, daß es nicht wieder geschehe. Hier möchte aber wohl berücksichtigt werden sein, daß die Aufregung, welche ur-sprünglich das Verbot begründet hatte, vorüber gegangen war, und es ist uns nicht unwahrscheinlich, daß der Betheiligte bei seiner ru-higen, besonnenen Haltung sich zum Voraus der bedingten Nachsicht der Behörde zu sichern gesucht.

Uebrigens darf man sich darüber, daß die Beschwerdeschrift das Verfahren der Regierung überhaupt in allen Fällen, nicht streng und rasch genug findet, nicht wundern, wenn man sieht, wie sie das Be-nehmen des Ordinariats beurtheilt, das vor einigen Jahren an einige Geistliche, von welchen nicht, wie die Beschwerdeschrift sagt, evange-lisch protestantische **Religionsbücher**, sondern von protestantischen

7 *

Schriftstellern verfaßte Lesebücher (von Wilmsen) in den Schulen eingeführt worden waren, eine Abmahnung erlassen hatte, die sie milde nennt,
und von der sie deßhalb glaubt, daß sie mehr die Unmacht der Kirchenbehörde
verrathen, als ihrer „Bitte Geltung verschafft" habe; als wenn nicht
in allen kirchlichen Erlassen der Geist der Milde vorherrschen müsse.
Gilt ja selbst von kirchlichen allgemeinen Verordnungen, daß sie
nicht in der befehlenden Sprache des Gesetzes, sondern ermahnend
und belehrend abgefaßt, und durch Gründe gerechtfertigt werden
sollen.

Die Beschwerdeschrift berührt nun auch zwei weitere Klagen,
zu welchen die Regierung dem Erzbischof Veranlassung gegeben, indem sie ihm die Mitaufsicht auf die Verwaltung des Kirchenvermögens verweigert und nicht einmal von dem Rechnungswesen seines
Seminars Einsicht zu nehmen gestattet, dagegen aber zugemuthet
habe, sich dem Pabste zu widersetzen, die päbstlichen Reservationen
in Ehesachen zu verwerfen und darin aus eigener Machtvollkommen-
heit Dispensen zu ertheilen.

Das katholische Kirchenvermögen ist in seiner abgesonderten
Verwaltung vollkommen gesichert, durch die Aufstellung von Ver-
waltungsräthen, Stiftungsvorständen und einer oberen leitenden Behörde (die sämmtlich nur aus Katholiken gebildet sind), sodann durch
die Bestimmungen der Verfassungsurkunde und die ihr vorangegangenen
Gesetze. Auch sind die Rechte des Erzbischofs in Beziehung auf die
Erhaltung der Fonds und stiftungsgemäße Verwendung keineswegs mißachtet, und nach den bestehenden Grundsätzen soll kein
Pfründgut, wie kein anderes Kirchengut ohne seine Zustimmung ver-
äußert oder wesentlich verändert werden und kein kirchlicher Fond
eine andere Verwendung erhalten. Wenn dem verstorbenen Erzbischof aber nicht gestattet worden, von dem Rechnungswesen seines
Seminars Einsicht zu nehmen, so kann deßhalb keine Staatsbehörde
ein Vorwurf treffen, da der Verwalter der Seminariums-Casse, so
viel wir wissen, zum Ordinariat rechnungspflichtig ist, und der Erzbischof daher nur befehlen durfte, daß ihm die Rechnung vorgelegt
werde.

Was die andere Klage betrifft, so bestanden eine Reihe von
Staaten schon seit lange auf der Befugniß der Landesbischöfe, in
den Fällen, in welchen der Pabst, unter vielfältigem Widerspruche
der deutschen Erzbischöfe, sich die Dispensation vorbehalten hatte,

selbst die Dispensen zu ertheilen. Ohnehin hatte die Uebung es mit
sich gebracht, daß der Pabst die Vollmacht hiezu regelmäßig gewährte
und daß die Bischöfe auch ohne solche Vollmacht in dringendern oder Noth-
Fällen dispensiren durften. Die Forderung der Regierung bezweckte
keine Erweiterung eigener Befugnisse, sondern lediglich die Erhaltung der ursprünglichen erzbischöflichen Rechte, im Interesse der
katholischen Landesunterthanen. Man dürfte in diesem Gebiete eine
Nachgiebigkeit erwarten, da ja die Entscheidung zu Rom doch auf
die von dem Oberhirten der Provinz erhobene Auskunft sich stützen
muß, und das Benehmen mit einer 300 Stunden weit entlegenen
Behörde, abgesehen von den Kosten für die Parteien, mit unleidlichen Verzögerungen verknüpft ist. Ueberhaupt stehen solchen kirchlichen Dispensationen, wie jenen der weltlichen Obrigkeit die gleichen
Bedenken entgegen. Man gestatte oder verbiete unbedingt; denn
was man durch Verbote, welche Dispensationen zulassen, verhindern
will, führt man leicht häufiger herbei; da die dringenden Fälle,
in welchen sie „mit Ungestüm" verlangt und, um ärgerliches Aufsehen
zu vermeiden, leichter verwilligt werden, gerade jene sind, die das Verbot verhüten wollte.

Wenn der würdige Erzbischof Bernhart, in dem von der
Beschwerdeschrift mitgetheilten Schreiben, von den Verhandlungen
über die Dispense Veranlassung nahm, mit der Erklärung, daß er
vom Alter und seinen Gebrechen gebeugt, zwar noch geisteskräftig
(mente quidem sana) aber wegen seiner Verantwortlichkeit, um so
ängstlicher sey (sed ob officii pastoralis gravitatem et reddendam
tremendo judici rationem eo magis anxio) die Bitte verband, seine
Würde in die Hände des Pabstes niederlegen zu dürfen; so finden
wir darin hauptsächlich die Darlegung eines Motives, das geeignet
war, Seine Heiligkeit zur Berücksichtigung seiner Lage zu bestimmen.
Diese war keineswegs beneidenswerth, nicht wegen seiner Stellung
als Erzbischof zur Regierung, sondern in Folge der Rührigkeit einer
Partei, die schon damals thätig war und auf jedem Wege ihn und
das Ordinariat zu neuen Forderungen und zu Schritten zu drängen
suchte, welche Conflicte mit der Regierung herbeizuführen versprachen.

Vorsichtig genug verschweigt die Beschwerdeschrift, wie die Regierung, welche den Tugenden des Oberhirten der oberrheinischen
Provinz ihre hohe Achtung nicht versagte, und ihm wo es möglich
war, sich gerne gefällig erwies, ihre Nachgiebigkeit, ihre Liebe zum

Frieden und ihre Geneigtheit feine Wünsche zu berücksichtigen vielfältig bethätigte.

———

## 4.

### Ständeverhandlung bis zum Jahre 1835.

Dieser Abschnitt der Beschwerdeschrift beginnt mit der bedeu-
tungsvollen Bemerkung, daß gegen die, in der Kammer zur Sprache
gekommene Verordnung vom Jahre 1830 sich außer einer einzigen
besorglichen Aeußerung sich nicht eine Stimme erhob. Hätte sie
in den katholischen Landestheilen Mißbilligung gefunden, so würden
wenigstens einige der Abgeordneten dieser Bezirke den Beruf gefühlt
und erfüllt haben, sich entschieden dagegen auszusprechen.

Was die Beschwerdeschrift von den Verhandlungen über die
Abschaffung des Cölibats auf den Landtagen von 1828, 1831, 1833
und 1835 sagt, wollen wir nicht ausführlich besprechen. Sie erkennt an, daß die Regierung mit Nachdruck sich der Berührung dieser Frage in der Kammer widersetzt habe, und als den lichtesten
Punct der Verhandlung von 1828 hebt sie den Commissionsbericht
hervor, in welchem sie eine Zurechtweisung neuerungssüchtiger Katholiken voll Wahrheit und sachgemäßer Rücksicht fand, und der von
einem Protestanten verfaßt war.

Auch die andern Gegenstände, welche, wie die Beschwerdeschrift
zugibt, mit Recht in den Kammern zur Berathung kommen, und sich
auf den Geschäftskreis der katholischen Kirchen-Section, die Kosten
ihrer Verwaltung und das Stiftungswesen bezogen, geben uns nur
zu einigen wenigen Bemerkungen Veranlassung.

Glaubte man gegen die Centralisation des Stiftungswesens
in den Händen der Kirchen-Section gegründete Bedenken erheben zu
dürfen, so war man doch gerecht und billig genug, anzuerkennen,
daß sie sich durch ihre Sorgfalt für die Erhaltung des Stiftungsvermögens in manchen Landestheilen, wo es früher an solcher Sorgfalt fehlte, Verdienste erworben habe. Ihre unmittelbare Verwaltung wurde beschränkt, überall für gehörige Vertretung der Stif-
tungsinteressen und Rechte, so wie für wachsame Aufsicht gesorgt.

Daß die Stiftungen zu den Kosten der obern Verwaltung und
Aufsicht der Sectionen Beiträge liefern, und den Unterhalt der Re-
visionsbehörden bei den Kreisregierungen bestreiten, ist eine Forde-

rung, die weder den Grundgesetzen des Rechts, noch der natürlichen Billigkeit widerspricht. Die Regie-Beiträge wurden bereits ermäßigt, und auch wir wünschen, daß die Finanzen des Landes in die Lage kommen möchten, noch weitere Erleichterungen zu gewähren und wo möglich alle Kosten der Aufsicht und Rechnungs-Abhör zu übernehmen \*). Aber von einem Rechtsanspruch auf solche Uebernahme kann, wie gesagt, keine Rede seyn.

Daß früher (vor 1818) die Regel, welche die Verwendung der Stiftungseinkünfte zu andern Zwecken, als es der Wille des Stifters verlangt, unbedingt verbietet, nicht immer mit gleicher Strenge, wie es gegenwärtig geschieht, beobachtet wurde, ist nicht zu läugnen. Richtig ist auch, daß noch später der Vollzug einiger Stiftungen verzögert wurde. Unbemerkt dürfen wir aber nicht lassen, daß jedenfalls jene früheren abnormen Verwendungen doch stets nur zur Beförderung der Zwecke der katholischen Kirche und niemals für Staats- odere andere ihr fremde Zwecke geschah. Ferner ist zu erinnern, daß was die am meisten getadelte Verwendung eines bedeutenden Kapitals aus der Maria-Victoria-Stiftung für den Bau der katholischen Kirche in Carlsruhe betrifft, diese Verwendung dem, zugleich auf die Beförderung der katholischen Religion im Allgemeinen gerichteten Stiftungszwecke keineswegs gänzlich fremd war. Weit mehr, als in dieser dem Fonds überwiesenen Ausgabe, lag in den großen Verlusten, die er durch die ursprüngliche Anlage beträchtlicher ihm angehöriger Capitale in Oesterreich erlitt, die mittelbare Ursache der langen Verzögerung des Vollzugs der Stiftung, da man das Kapital allmählig wieder anwachsen lassen wollte. Auf gleiche Weise haben die Bruchsaler Stiftungsfonds durch solche Anlagen bedeutende Verluste erlitten, und

---

\*) An dem Aufwande für Besoldungen, Gehalte und Bureaubedürfnisse bei der katholischen Kirchensection zu 35,080 Gulden tragen gegenwärtig bei: die Staats-Casse 20,300 fl., die Stiftungen, mit 5 Pr. des Matricular-Anschlags ihres Einkommens, 15,280 fl. Die Lokal- und Distriktsstiftungen zahlen überhaupt nur einen Kreuzer vom Gulden Matricularanschlag zur Bestreitung des Gehaltes der zur Abhör der Rechnungen bei den Kreis-Regierungen angestellten Revisoren. Die Ermäßigung dieser letzten Auflage ist vorzugsweise zu wünschen.

wenn man überhaupt vergleicht, wie das Stiftungsvermögen in den Entschädigungslanden vor ihrem Anfalle und später verwaltet wurde, so überzeugt man sich von der ungemein größern Sorgfalt und Umsicht der Verwaltung unter der Großherzoglichen Regierung, selbst in der Periode bis 1818.

Wenn (in einem früheren Abschnitte der Beschwerdeschrift) geklagt wurde, daß das zur Einführung des Ordens der barmherzigen Schwestern zu Bruchsal bestimmte Kapital noch nicht nach dem Buchstaben des Stiftungsbriefes seine Verwendung erhalten habe, so liegt der Grund hieven lediglich in der Unzulänglichkeit des Fonds, dessen Ertrag übrigens dem Zwecke jenes Ordens gemäß verwendet wird. Der Vollzug der Limburg-Styrum'schen Stiftung für Freischulen wurde bis zum Jahre 1839, anfänglich ebenfalls durch die Unzulänglichkeit des Kapitals, später aber durch die zwischen den betheiligten Gemeinden entstandenen Streitigkeiten verzögert.

Man weiß, wie oft die Erledigung vielfach verwickelter oder an streitigen Fragen reicher Geschäfte, durch stets sich ergebende neue Anstände hinausgezogen wird. Jede Verwaltung hat Beispiele solcher Sisyphussteine. Warum aber, nachdem die Erledigung erfolgt, nachdem insbesondere die Stiftung der wohlthätigen Maria Victoria nun bereits 8 — 9 Jahre zum stiftungsgemäßen Vollzug gekommen, auf's neue Klagen erheben, die ihren Zweck bereits verloren haben? Nur um nichts, auch das entfernteste nicht unbenützt zu lassen, was dazu beitragen könnte, die Katholiken des Landes zu mißstimmen. Da wir hier der reichen Stiftung der Markgräfin Maria Victoria von Baden-Baden, zu Gunsten der katholischen Kirche gedacht, so sei uns gestattet, auch einer späteren zu gedenken, welche von einer protestantischen Prinzessin, der Markgräfin Christiane Louise von Baden herrührte, die nach dem Wunsche ihres verstorbenen Gemahls einen Theil des ihr hinterlassenen Vermögens der katholischen und protestantischen Kirche, wenn auch (in Berücksichtigung des größern Reichthums der katholischen Stiftungen) nicht zu gleichen Theilen, doch im Verhältniß von ⅖ : ⅗ vermachte, dem Grundsatze getreu, zu dem die Häupter und Mitglieder unserer Regentenfamilie sich bekennen, daß die Angehörigen beider Kirchen ganz gleiche Ansprüche auf ihre Liebe und ihr Wohlwollen besitzen.

## 5.

### Der neue Erzbischof und seine Stellung.

Die Beschwerdeschrift erzählt, die Regierung habe, als nach dem Ableben des Erzbischofs Bernhart zur Wahl seines Nachfolgers geschritten werden mußte, im Mai 1836 den Director der katholischen Kirchencommission Geheimerath Beeck als Wahl-Commissär nach Freiburg gesendet. Dieser habe nicht, seiner Pflicht gemäß, auf die Einhaltung der vorgeschriebenen Formen gesehen, sondern direkt und willführlich in die Wahlhandlung eingegriffen und sie dadurch nichtig gemacht. Zuerst habe er den Weihbischof von Vicari genöthigt im Voraus seiner etwaigen Wahl zu entsagen, und zweimal die auf denselben gefallene Wahl verworfen, ohne jedoch anfangs seinen Candidaten, den Domcapitular Demeter, durchzusetzen, so daß am ersten Wahltage (4. Mai) zum großen Erstaunen der harrenden Gemeinde keine Wahl zu Stande gekommen, und Beeck neue Verhaltungsbefehle von der Regierung begehrt habe. Um dieses Aergerniß nicht weiter fortzusetzen, habe sich endlich das Domkapitel in die Wahl Demeter's gefügt. — Die Beschwerdeschrift findet hierin eine schmähliche Verhöhnung der Wahlfreiheit, welche die Regierung sich habe zu Schulden kommen lassen, und die Bestätigung der leidigen Erfahrung, daß gegen die Katholiken alles Recht ist, für sie aber nichts. Der Pabst habe wohl Grund gehabt die Wahl zu verwerfen, und wenn er bedacht, wie übel es dem Erzbischof Bernhart mit der Regierung ergangen, ein gerechtes Mißtrauen gegen einen von ihr so widerrechtlich durchgesetzten Nachfolger zu fassen; allein er habe sich großartig benommen, die geschehene Wahl zwar für ganz nichtig erklärt, auch darüber gegen die Regierung seinen offenen ernsten Tadel ausgesprochen, den Gewählten aber seiner religiösen Eigenschaften wegen bestätigt, und damit der Regierung einen Beweis seiner wohlwollenden Gesinnungen gegeben, den sie durch eine billigere Behandlung der Katholiken wohl hätte erwiedern sollen. Zu diesen feineren Beziehungen gehöre aber Staatsweisheit, die wenige Staatsbeamten in Baden besäßen.

Wir erwiedern hierauf, daß der Wahlkommissär, indem er sich von dem Weihbischof v. Vicari einen Revers ausstellen ließ, den Auftrag seiner Regierung vollzog; in so ferne er aber sonst auf irgend eine Weise nicht auf Beachtung der Wahlformen hielt, sich irgend eine Einwirkung auf die Wahlfreiheit erlaubte, und einen der übrigen von dem Kapitel vorgeschlagenen Candidaten, als Candidaten der Regierung bezeichnete, seine Vollmacht überschritt, und nicht die Regierung, sondern nur seine Person, ein gerechter Vorwurf träfe.

Nun nur einige Worte über jenen Revers. Die Regierung ist bekanntlich befugt, in der ihr von dem Kapitel vorgelegten Liste die Namen der ihr minder angenehmen Candidaten zu streichen und hat nur eine zur Wahl noch hinlängliche Anzahl (wenigstens 2) stehen zu lassen. Sie wünschte, — dieß ergiebt sich aus ihrem Benehmen — den Weihbischof nicht gewählt zu sehen; welche Ursachen sie hiezu haben mochte, so lagen sie sicherlich nicht in Verhältnissen, welche ihren achtungsvollen Gesinnungen gegen die Person des Betheiligten den mindesten Eintrag thaten, und auch dieß geht aus ihrem Benehmen hervor. Sie konnte seinen Namen auf der Candidatenliste geradezu streichen; wenn sie es unterließ und ihren Zweck auf dem von ihr eingeschlagenen Wege zu erreichen suchte, so konnte ihr Verfahren nur auf wohlwollenden Rücksichten beruhen, die sie der Person nnd der Stellung des Weihbischofs trug. Dieser nahm den Vorschlag des Wahlkommissär's an und stellte den Revers ohne weiters aus. Es konnte ihm nicht anders, als angenehm sein, daß die Regierung, ohnerachtet ihres Entschlusses ihn auszuschließen, die Wahlhandlung vor sich gehen ließ, damit er einer ehrenvollen Auszeichnung nicht verlustig werde, die er in der auf seine Person fallenden Wahl des Kapitels erblicken mußte. Hiezu wurde er nicht genöthigt und konnte gar nicht genöthigt werden; aber er mußte die Ausstellung verweigern, wenn er nicht entschlossen war, sein Versprechen zu erfüllen. Daß dieß geschehe, darauf glaubte man mit voller Sicherheit rechnen zu dürfen. Der Commissär war aber für den Fall, daß Herr von Vicari die Ausstellung des Reverses verweigere, ermächtigt, seinen Namen ohne weiteres von der Candidatenliste streichen zu lassen. Die Regierung hat durch ihr Verfahren die Wahlfreiheit nicht verhöhnt, sondern sie durch den Ausschluß des Weihbischofs nur so weit beschränkt, als sie dieselbe durch die ihr gestattete Streichung seines Namens zu beschränken berechtigt war. Sie hat weder das Recht der Kirche und das Recht eines einzelnen Katholiken gekränkt, sondern zur Ausübung ihres unbestrittenen Rechts nur aus persönlichen wohlwollenden Rücksichten gegen einen katholischen Würdeträger eine schonendere Form gewählt. Trifft sie ein Tadel, so kann es nur der einer deplacirten Delicatesse seyn. Wir gestehen, daß wir die Einhaltung der, in der Bulle bestimmten Form vorgezogen hätten, und der Meinung sind, man dürfe die Ansicht, daß die Streichung eines Namens eine minder wohlwollende Gesinnung der Regierung gegen die Person des Betheiligten ausdrücke, gar nicht aufkommen lassen; da eine solche Ansicht nnd Deutung dem freien Gebrauche des landesherrlichen Rechtes nachtheilig wäre, und sie in der That auch in so ferne in keiner Weise begründet erscheint, als die Regierung durch Rücksichten der mannigfaltigsten Art, welche die bezeichnete Deutung gänzlich ausschließen, zu ihrem Beschlusse bestimmt werden konnte. Ja es kann sich ereignen, daß sie gerade den Namen des Candidaten, der ihr der angenehmste wäre, unter der conventionellen Formel als ihr minder angenehm von der Wahlliste streichen läßt, wenn sie nehmlich begründete Besorgniß hätte, daß der heilige Stuhl gegen seine Wahl Anstände erhebe, welche voraussichtlich zu verdrießlichen Streitigkeiten führen würden, die zu vermeiden ihr lediglich das Interesse des Friedens räthlich macht.

Hatte nun aber die Regierung ihrem Commissär die bezeichnete Ermächtigung einmal ertheilt, und dieser, im Vertrauen auf die Zusage des H. v. Vicari, ohne zuvor die Entfernung des Namens von der Candidatenliste zu verlangen, sofort die Wahlhandlung vor sich gehen lassen, so blieb ihm, als der Herr Weihbischof die auf ihn gefallene Wahl dennoch annahm, nichts übrig, als dagegen zu protestiren. Der Gewählte hatte zwar anfänglich beharrlich die Annahme verweigert. Er gab nur ungern den bringenden Bitten der wählenden Kapitularen in der Ueberraschung des Augenblicks nach, und war nach der erfolgten Protestation des Commissärs, wie man versichert, sogleich bereit, seinen Verzicht durch eine Erklärung zum Protocoll zu erneuern. Daß nun aber dennoch die Wahlhandlung sich verzögerte, daß 5 Wahlen keine absolute Mehrheit gaben, war nicht die Schuld des Commissärs, der auf seine Bitte um Verhaltungsbefehle nunmehr die Weisung erhielt, nur die Namen von drei Candidaten auf der Liste stehen und alle übrigen streichen zu lassen. Der Fehler, den er sich zu Schulden kommen ließ, bestand darin, daß er bei der Vornahme des Scrutiniums jedesmal anwesend blieb, statt abzutreten, und erst nach dessen Vollendung, aber vor Verkündigung der getroffenen Wahl wieder einzutreten.

Wohl konnte schon deßhalb die Wahl beanstandet werden.
Allein der römische Stuhl, der von dem ganzen Vorgang der Sache
mit aller Offenheit unterrichtet wurde, erkannte, daß die materielle
Anwesenheit des Commissärs die Freiheit der letzten Wahl in der
That nicht gestört und sein autoritatives Einschreiten bei den vorangegangenen Wahlen lediglich durch das Benehmen des Herrn Weihbischofs herbeigeführt worden war. Er sah daher über die Form-
fehler hinweg. Ohne die vorgegangene Unregelmäßigkeit direct zu
rügen, wollte er sich nur sicher stellen, daß was dießmal, wie Seine
Heiligkeit laut anerkannten, in der beßten Absicht und im Sinne
der Beförderung der reinen Lehre und Kirchenzucht geschehen war,
nicht jemals unter andern Umständen und in einem andern Sinne
sich wiederholen und alsdann zur Rechtfertigung des gleichen un-
regelmäßigen Verfahrens benutzt werden könne. Von der Intention
der Großherzoglichen Regierung, einem solchen gerechten und billigen
Verlangen zu entsprechen, überzeugt, wartete der römische Stuhl eine
offizielle Erklärung des badischen Hofes hierüber nicht einmal ab, um die
Einleitung zum Informationsprocesse zu treffen. Als aber die Regierung in einer offiziellen Note sich über den ganzen Vorfall und
die Gesinnungen, die ihre Schritte geleitet, ausgesprochen, und die
Versicherung ertheilt hatte, daß von ihr die Anwesenheit ihres
Commissärs bei dem Scrutinium nicht beabsichtigt, im übrigen aber
das commissarische Verfahren durch das Benehmen des Herrn Weih-
bischoffs veranlaßt worden, und man sorgen werde, daß gleiche
Unregelmäßigkeiten nicht wieder vorkommen, wurde sie durch die
freundlichste Antwort auf ihre Aeußerungen und ihre Zusage in einer
Note des Cardinalstaatssecretairs erfreut. Seine Heiligkeit — hieß
es im Wesentlichen — habe mit der lebhaftesten Zufriedenheit seines
Gemüths die ihm ausgedrückten edeln Gesinnungen aufgenommen,
und sei höchst befriedigt von der offenen und loyalen Erklärung,
daß, was gegen Geist und Sinn der canonischen Vorschriften vorgekommen, nicht mehr geschehen und der Kirche nicht zum Nachtheil
gereichen werde. Seine Heiligkeit habe den Beweis der Geradheit
und Gerechtigkeit S. K. Hoheit erkannt, von dem nicht zu zweifeln
sei, daß er auf ihre katholische Unterthanen seine vortheilhaften Wir-
kungen immer mehr äußern werde.

Wir glaubten Alles, was wir hier mitgetheilt, dem Publicum
nicht vorenthalten zu dürfen, theils um der extremen Partei, welcher

der Beschwerdeführer angehört, das Benehmen ihrer Regierung, theils einer andern Partei, die auf dem entgegengesetzten Extreme steht, das Benehmen des Oberhaupts der Kirche besser verstehen und richtiger beurtheilen zu lehren.

Ueber die Artigkeit, welche die Beschwerdeschrift den Großherzoglichen Staatsbeamten sagt, schweigen wir. Schweigen können wir aber nicht zu der Behauptung derselben, der neugewählte Erzbischof sei von vielen Katholiken nicht nur als Eindringling betrachtet, sondern auch als ganz abhängig von der Regierung angesehen worden, die sich sonst nicht so sehr um seine Wahl bemüht hätte.

Ein Deutscher kann in keinem deutschen Lande ein Eindringling genannt werden, zumal aber nicht, wenn er von der Regierung aus seiner deutschen Heimath zu Uebernahme eines Amtes berufen wurde, wofür ihm die öffentliche Meinung eine vorzügliche Tüchtigkeit beilegte, und wenn er sodann dem Dienste der Kirche, der Schule und des Staates in seinem neuen Vaterlande 30 Jahre seines kräftigsten Alters gewidmet hat und hinweisen kann auf die Früchte seiner wohlthätigen Wirksamkeit, die ihm selbst die Anerkennung des Auslandes erworben. So angenehm seine Wahl der Großherzoglichen Regierung war (was sie, da der zu wählende ihr nec minus gratus sein soll, wohl hätte andeuten dürfen), so hat sie sich doch um dieselbe nicht bemüht. — Sie war, da die Wahlliste zuletzt noch zwei bedeutende, wohlklingende Namen neben dem seinigen enthielt, über den Erfolg der Wahl, wie sie auch ausfallen mochte, vollkommen beruhigt. Die freundschaftlichen Beziehungen, in welchen der Herr Erzbischof zu dem Wahlcommissär stand, welcher als Director der Kirchensection die innigste Geschäftsberührung mit der kirchlichen Behörden hatte, konnten aber, indem das Verhältniß ein gegenseitiges war, auf keiner Seite eine Abhängigkeit begründen, wohl aber eine Bürgschaft für wechselseitiges conciliatorisches Benehmen gewähren. Wie reimen sich mit den harten Urtheilen der Beschwerdeschrift über jedes Widerstreben der katholischen Geistlichen und Laien gegen die kirchliche Autorität ihre Ausfälle gegen den Oberhirten der oberrheinischen Kirchenprovinz, den sie der Schwäche beschuldigt, von dem sie Beweise verlangt, daß er nicht den antikatholischen Grundsätzen der Section huldige, deren Mitglied er gewesen, und von dem sie endlich mit dürren Worten sagt, er habe durch sein Benehmen „die Autorität seiner Würde bei der Regie-

rung verloren, ohne das Vertrauen der Katholiken zu gewinnen."
Wir wollen sehen, worauf sich diese Behauptung stützt?

Als im Frühjahr 1837 der Landtag zusammen berufen wurde,
hatte kurz zuvor (29. Januar) der Erzbischof seine Einweihung erhalten und sein Amt angetreten. Damals war, wie die Beschwerdeschrift sich ausdrückt, „noch keine Bestimmung über die Ausübung
der bischöflichen Strafgewalt getroffen (das heißt, die hierüber bestandenen Vorschriften noch nicht abgeändert), das Convict für junge
Theologen nicht errichtet, die Mitwirkung des Erzbischofs zur Be-
aufsichtigung des Religionsunterrichts und des Schulwesens nicht
gehörig festgesetzt und seine Mitwürdigung der Bewerber um Kirchenpfründen nicht zugelassen. In dieser Lage der Sache habe der Freiherr von Andlaw (Sohn des im Abschnitt I. 3. gedachten Ministers)
eine Motion über die kirchlichen Beschwerden der Katholiken ange-
kündigt, deren Verhandlung, wie der Beschwerdeführer meint, durch
die Theilnahme des Erzbischofs großes Aufsehen erregt, und der
Regierung ernste Verlegenheiten bereitet hätte. Zwar habe der
Freiherr von Andlaw den Fehler gemacht, in einer Finanzmotion
die katholische Kirchensection anzugreifen, und dadurch der Begründung seiner Motion hinderlich zu werden; aber das habe ihn nicht bewogen, seinen Antrag zurück zu nehmen, sondern der Erzbischof habe
bei so entscheidenden Verhältnissen Schwäche gezeigt, und sich durch münd-
liche Versprechungen abfinden lassen, wodurch der Grund der Motion
weggefallen sei. — Dieß deutet wohl klar an, daß der Herr Erzbischof
es war, der den Herrn v. Andlaw abhielt, seine Motion zu begründen.

Wir wissen nicht, was dem Herrn Erzbischof mündlich zugesagt werden, aber wir wissen, daß er jedenfalls sehr weise ge-
handelt hat. Wie ließ es sich rechtfertigen, wenn er, der kaum sein
Amt angetreten, sich einem Schritte angeschlossen hätte, welcher der
Regierung ernste Verlegenheiten bereiten sollte? Wie konnte seinem
Scharfblick entgehen, daß nicht der Regierung, sondern vielmehr
ihm selbst Verlegenheiten bereitet würden, falls er in die Lage käme,
sich als Mitglied der ersten Kammer über Dinge, die er mit der
Regierung in seiner kirchlichen Stellung zu verhandeln hatte, auszusprechen, und Erörterungen herbeizuführen, deren Gegenstand, fast
nur mit Ausnahme des Convicts, den Kammern gänzlich fremd war?
Mußte er nicht fürchten, durch die Besprechung kirchlicher Angelegenheiten in der ersten Kammer, unangenehme Verhandlungen über

andere kirchliche Fragen in der zweiten Kammer zu provociren! Muß die Beschwerdeschrift nicht verstummen, wenn man sie an Alles erinnert, was sie selbst von der Unzuständigkeit der Kammern, über kirchliche Fragen in Berathung zu treten, gesagt hat. Nur ihre Zärtlichkeit für den Motionssteller und ihre Leidenschaft gegen den Herrn Erzbischof konnten sie verhindern, den Widerspruch sich klar zu machen, in den sie mit sich selbst gerieth.

----

## 6.

### Behandlung bischöflicher Rechte durch die Regierung.

Was die Beschwerdeschrift in diesem Abschnitt bespricht, berührt größtentheils den Verfasser persönlich und giebt ihm Veranlassung zu mancherlei Berichtigungen. Dieß gilt insbesondere auch von den Verhandlungen über die erzbischöfliche Strafgewalt und die Resultate dieser Verhandlungen.

Die Beschwerdeschrift sagt, in der Bulle ad Domini Gregis custodiam sei die Ausübung der bischöflichen Gerichtsbarkeit nach den jetzt bestehenden Vorschriften und der gegenwärtigen Disciplin der Kirche zugesichert. Durch die pragmatische Verordnung vom 30. Januar 1830 sei aber diese Bestimmung nicht zum Vollzug gekommen. daher habe der Erzbischof Bernhart gegen die disciplinäre Strafgewalt des Staates in geistlichen Dingen schon unterm 10. Februar 1830 protestirt, und nachdem auch der Pabst jene Verordnung verwerfen, so habe sie das Ordinariat noch weniger annehmen können.

Diese einleitenden Bemerkungen bedürfen einer Erläuterung, welche den Zwiespalt der beiderseitigen Ansichten ins Klare stellen soll. Es ist, wie wir bereits gesehen haben, ganz richtig, daß die päbstliche Bulle dem Erzbischof und den Bischöfen die Gerichtsbarkeit (pleno jure) verlieh, die ihnen nach den Kirchengesetzen (juxta canones nunc vigentes et praesentem ecclesiae disciplinam) gebührt. Allein es ist, wie ebenfalls schon bemerkt werden, nicht weniger richtig, daß diese Bulle nur unter Vorbehalt der Gesetze und Verordnungen des Staates und so weit diese ihr nicht entgegen sind, von den bei der oberrheinischen Provinz betheiligten Regierungen

angenommen wurde, und daß dieſer Vorbehalt, wie aus den Verhandlungen mit Rom erhellt, ſich insbeſondere auf die ausdrückliche
Verwerfung der Artikel 5. und 6. des päbſtlichen Ultimatums vom
Jahr 1826 ſtüzt. Es iſt weiter zu erinnern, daß es, hiervon abge-
ſehen, ſchwer zu ſagen iſt, welches in Beziehung auf den Umfang
der biſchöflichen Strafgewalt die Canones ſeyen, von denen man
im Allgemeinen ſagen kann, daß ſie in Kraft beſtehen. Bekanntlich hat das Strafrecht der Kirche ſeit Jahrhunderten die größten Veränderungen erlitten, und zwar überall durch die Geſeze
des Staates. Was von canoniſchen Geſezen über die kirchliche
Strafgewalt noch gilt, kann in jedem Lande nur nach den Landes-
geſezen und dem Herkommen beurtheilt werden, und dieß iſt in den
einzelnen deutſchen Ländern, in Frankreich, in Italien und Spanien
ſehr verſchieden. Der Kirche kann aber die beliebige Rückkehr zu
ältern Vorſchriften, die gar mannigfaltige, längſt durch den Gebrauch
oder durch Staatsverordnungen abgeſchaffte Strafen zulaſſen, eben
ſo wenig geſtattet werden, als die Befreiung von dem Aufſichtsrecht
des Staates in der Anwendung zuläſſiger Strafen, überall, wo ſie
unmittelbar oder mittelbar auf das geſellſchaftliche Leben, auf bürgerliche Verhältniſſe, auf zeitliche Güter und perſönliche Freiheit
einen Einfluß äußern.

In Baden beſtand bis zum Jahre 1839 die Vorſchrift, daß
alle Strafurtheile des Ordinariats von der Staatsbehörde genehmigt
werden mußten. *)

Die Großherzogliche Verordnung hatte keine nähern Vorſchriften über die biſchöfliche Strafgewalt ertheilt, ſondern nur im allgemeinen (§. 30.) beſtimmt: „den Geiſtlichen ſo wie den Weltlichen
bleibt, wo immer ein Mißbrauch der geiſtlichen Gewalt gegen ſie
Statt findet, der Recurs an die Landesbehörden.‟

Ein einzelner Fall, wobei die Grenzen der kirchlichen dis-

---

*) Es gibt ſelbſt in Deutſchland Kirchenbeamte, die das Verhältniß gerade
umkehren und noch heutigen Tages in vollem Ernſte den Grundſaz
geltend machen wollen, daß, weil der Geiſtliche, der gegen den Staat
fehlt, auch gegen die Kirchenobrigkeit ſich verfehle, bei Vergehen der
Geiſtlichen gegen die weltlichen Strafgeſeze, nicht nur causae cogni-
tionem zu nehmen, „ſondern auch die Staatsſtrafe zu genehmi-
gen und nöthigenfalls zu lindern oder zu verſchärfen habe.‟

ciplinären Strafbefugnisse in Frage kamen, gab nun Veranlassung zu Erörterungen zwischen den Staatsbehörden und dem erzbischöflichen Ordinariat über die auf die Ausübung der bischöflichen Strafgewalt überhaupt bezüglichen Grundsätze. Die definitive Redaction des Entwurfes einer a u s f ü h r l i c h e n Verordnung über den Umfang jener Gewalt, die Strafgattungen und das zu beobachtende Verfahren, wurde, auf die Grundlage der Statt gehabten mehrjährigen Verhandlungen zwischen der Kirchensection und dem Ordinariate, nach nochmaliger Berathung, von dem Ministerium des Innern beschlossen, nachdem der Verfasser gegenwärtiger Schrift an dessen Spitze berufen worden war. Statt sofort die höchste Genehmigung Sr. Königl. Hoheit des Großherzogs zu erwirken, theilte er dem Herrn Erzbischof in einer Zusammenkunft, die er kurz vor Eröffnung des Landtages im März 1839 zu Freiburg mit ihm hatte, diesen Entwurf mit. Was die Beschwerdeschrift über den weitern Verlauf der Sache sagt, ist völlig ungenau. Der Herr Erzbischof erklärte sich gegen die Bekanntmachung des Entwurfes keineswegs deßhalb, weil, wie die Beschwerdeschrift sagt, derselbe ihm nicht mitgetheilt, seine Bemerkungen nicht berücksichtigt und nur Zahns Vorschläge angenommen worden seien, sondern aus einem ganz andern Grunde. Daß ihm eine von der Staatsaufsicht ganz u n a b - h ä n g i g e Strafgewalt (d. h. mit Beseitigung sowohl der vorgängigen Staatsgenehmigung seiner Erkenntnisse, als des Vorbehalts des Recurses an die Staatsbehörde) nicht eingeräumt werde, wußte er, und unter dieser Voraussetzung fragte es sich, ob der Zweck der Verordnung nicht auf eine kürzere und seinem eigenen Interesse mehr zusagende Weise erreicht werden könnte. Die Bedenken, die sich gegen die Bekanntmachung der ausführlichen Verordnung erhoben, bezogen sich auf Verhältnisse, die wir, ohne uns einer Indiscretion schuldig zu machen, nicht berühren dürfen. Dagegen wollen wir einige Worte über die im Jahre 1839 getroffene Abänderung der frühern Vorschriften sagen.

Wenn jedenfalls das Recht des Recurses wegen Mißbrauchs der disciplinären Strafgewalt vorbehalten werden mußte, so konnte man fragen, ob es nicht im wohlverstandenen Interesse der Staats- wie der Kirchenbehörden zugleich liege, die v o r g ä n g i g e Genehmigung der Straferkenntnisse für alle schwerere Fälle als allgemeine Regel beizubehalten. Dieß Verfahren hat den wichtigen Vortheil,

daß eine Nichtübereinstimmung in den Ansichten der Staats- und
und Kirchenbehörden weniger leicht zur Kenntniß der Betheiligten
kommt. Solche Fälle werden zwar, in welcher Form die Staatsaufsicht ausgeübt werden mag, immer zu den seltenen gehören, da
ohne sehr erhebliche Gründe weder die Genehmigung versagt, noch
beziehungsweise in Fällen des Recurses ein Straferkenntniß aufgehoben wird. Indessen sind sie immerhin möglich und jedenfalls
weit e h e r möglich, wenn der Verkündung des Erkenntnisses die
Staatsgenehmigung n i c h t vorher geht, weil im e n t g e g e n g e -
setzten Falle durch wechselseitiges Benehmen, oder in Folge nach-
träglicher Erhebungen, sich eine ursprüngliche Verschiedenheit der
Ansichten noch ausgleichen kann. Gelänge dieß aber nicht, so ist es
ohne Zweifel immerhin besser, wenn die Verkündung unterbleibt,
als daß ein bereits verkündetes Erkenntniß beanstandet wird. Nur
bei geringeren Disciplinar=Vergehen, die keine weitläufige Untersuchung
erfordern, und allen jenen Strafen, die nur Unordnungen und Saum-
seligkeit im Dienste rügen, und die nicht leicht zu einem Recurse,
und noch weniger leicht zu einem Einschreiten der Staatsbehörde
Veranlassung geben, so wie in allen Fällen, wo schleunige Vorkehr Noth
thut, dürfte besser die vorläufige Genehmigung unterbleiben und nur der
Recurs vorbehalten werden. Auf diesen Grundsätzen beruhte die
kleine Verordnung, welche zuerst in scriptis bereits am 23. Mai
1839 ergieng, und unterm 23. Mai 1840 auch durch das Regie-
rungsblatt öffentlich bekannt gemacht wurde, und wornach das Ordinariat in Disciplinarfällen gegen Geistliche Verweise, sodann (dem
allgemeinen katholischen Kirchenfond zufließende) Geldstrafen bis zu
30 Gulden und Suspension vom Amte bis auf 4 Wochen erkennen
und vollziehen lassen darf, unter Vorbehalt des Recurses, der jedoch,
wo die Suspension als schleunige dienstpolizeiliche Maaßregel erscheint, keine aufschiebende Wirkung haben soll. Für schwerere Fälle
ward die Vorschrift der vorgängigen Genehmigung der Strafurtheile bestätigt. Mit Recht hatte der Erzbischof einen besonderen Werth auf die Zulassung von Geldstrafen gesetzt, die früher
n i c h t herkömmlich waren, aber wohl das beste Zwangsmittel in
den häufiger vorkommenden unbedeutendern Fällen des Ungehorsams
und der Nachlässigkeit sind.

Wenn die Beschwerdeschrift sagt: Rebenius soll (bei der Besprechung mit dem Erzbischof im Merz 1839, welcher die Beiseitle-

gung der frühern Entwürfe und die kleine Verordnung folgte) dem
Erzbischof hierauf eine allgemeine Vollmacht zur Ausübung der ca-
nonischen Strafgewalt versprochen, und dieser sich damit unter der
Bedingung begnügt haben, daß die katholische Kirchensection seine
Straferkenntnisse nicht reformiren oder aufheben dürfe, so ist diese
Angabe eine Unwahrheit, an sich schon unglaublich und durch die
Evidenz späterer offenkundiger Thatsachen widerlegt. Der Herr
Erzbischof verlangte nur noch, daß alle Strafsachen von der Staats-
behörde stets schleunigst erledigt und die Kirchenbehörde von ihnen
gehörig unterstützt werden. Diese Zusage konnte ihm unbedenklich
ertheilt werden, und es ergieng auch noch, ehe die neue Verordnung
erlassen war, am 9. April 1839, die bestimmte Weisung an die
Kirchensection, alle vorkommende Strafsachen jeweils schleunigst zu
erledigen, und das Ordinariat in seinen Bestrebungen, durch strenge
Handhabung der kirchlichen Disciplinargewalt auf den sittlichen
Wandel und ein anständiges, ihrem hohen Berufe entsprechendes,
würdevolles Benehmen der Geistlichen, sowie auf die ganze kirchliche
Ordnung wohlthätig einzuwirken, auf das kräftigste zu unterstützen.
Geschieht dieß, so werden daraus, daß das Ordinariat eine Suspension nur auf 4 Wochen, ohne Staatsgenehmigung, vollziehen darf,
nicht, wie die Beschwerdeschrift annimmt, Uebelstände entspringen,
da gleichzeitig mit der Anordnung des Vollzugs, ein auf längere
oder auf unbestimmte Zeit lautendes Erkenntniß zur gleichbaldigen
Staatsgenehmigung vorgelegt werden kann; und diese Genehmigung
wird ohne sehr erhebliche Gründe des Rechts nie verweigert werden.

Was die Beschwerdeschrift gegen das Staatsministerium als
Recursinstanz sagt, in welchem die Vorstände der Ministerien wech-
selsweise Richter in eigener Sache sind, so ist dieß eine Bemerkung,
welche das Verfahren in Recurssachen überhaupt, in allen Zweigen
des öffentlichen Rechts, trifft. Eben deßhalb können wir hier auf
die Erörterung jenes Bedenkens nicht eingehen. *) Aber nicht un-

---

*) Dieses Bedenken könnte nur durch die Einrichtung einer Behörde be-
seitigt werden, welche andere Staaten in einem Staatsrathe oder Ge-
heimenrathe, deren Stellung, Zusammensetzung und Attributionen für die
reifliche Berathung und gesetzliche Entscheidung der dem Gebiete des
öffentlichen Rechtes angehörigen und oft sehr wichtigen Streitsachen
Garantien geben sollen. Die früher bestandene zweite Section des

berührt können wir laſſen, was die Beſchwerdeſchrift überhaupt gegen
die Oberaufſicht des Staats über das der Kirche zuſtehende Strafrecht ſagt. Nicht weil der Staat ſich ein Recht anmaßt, in Glau-
bensſachen zu urtheilen, ſondern weil der Staat allen Rechten
ſeinen Schutz ſchuldig iſt, ſie mögen aus Verhältniſſen entſpringen,
aus welchen ſie wollen, übt er ſein Aufſichtsrecht; er übt es nicht,
um die Kirche zu hindern, ihr Strafrecht nach ſeinem Grund und
Zwecke zum Heil der Kirche zu gebrauchen, ſondern um jeden Mißbrauch hierin zu verhindern, unter dem nicht ſchlechte, ſondern ſchuld-
loſe Mitglieder des Clerus leiden würden. Was iſt dieſes Aufſichtsrecht anders, als hauptſächlich eine Garantie für den Rechtszuſtand
der Pfarrer der katholiſchen Kirchengemeinden; und gibt es nicht
Wechſelfälle, die, im Intereſſe der Kirche ſelbſt, Garantien gegen
willkührliche Behandlung der Geiſtlichen verlangen? Lehrt nicht
die Erfahrung, daß auch in den höhern kirchlichen Behörden die
Richtungen wechſeln, und wenn Reibungen entſtehen, und ſich Lei-
denſchaften einmiſchen, kann es alsdann nicht geſchehen, daß die
Einen nur ihrer Meinungen wegen, die oft die beſſern im kirchlichen Sinn ſeyn können, verfolgt und gedrückt werden, während
man die Andern, auch wo ſie fehlen, mit übergroßer Milde und
Schonung behandelt?

Wir hören hier wieder den Vorwurf des Mißtrauens gegen
die Kirche. Die Unterſtellung blos möglicher Fehlgriffe und möglichen Irrthums iſt noch kein beleidigendes Mißtrauen; dagegen
entſpringt der Widerſpruch, den die Beſchwerdeſchrift gegen das Aufſichtsrecht des Staats einlegt, nicht allein aus Mißtrauen, ſondern
ſelbſt aus beſtimmten argwöhniſchen Behauptungen und den gehäſſigſten
Beſchuldigungen. „Es iſt ſchwer zu begreifen, ruft ſie aus, warum
die Verordnung ſo übergroße Schonung und Nachſicht ſtrafbaren
Geiſtlichen angedeihen läßt! Zum Schutze perſönlicher Freiheit
geſchieht es nicht, da der Erzbiſchof ihre Freiheit nicht gefährden
kann, indem die Regierung von Allem Kenntniß erhält;
zum Wohl der Gemeinden geſchieht es auch nicht, wenn ſchlechte
Geiſtliche von der weltlichen Macht gegen ihre kirchliche Obrigkeit
widerrechtlich unterſtützt werden.‟

_____

Staatsminiſteriums wurde als ein bloſes ganz untergeordnetes Anhängſel
an das Staatsminiſterium mit Recht aufgehoben.

Mit allem diesem spricht der Beschwerdeführer nichts anderes aus, als daß die Regierung den Recurs von Straferkenntnissen bei leichtern und die Genehmigung der kirchlichen Urtheile bei schwereren Vergehen nur vorbehalten habe, um strafbare Geistliche in Schutz zu nehmen. Solche Beschuldigung verdient gar keine Antwort. Um sie sich selbst mit gehöriger Ueberlegung zu geben, lasse sich der Beschwerdeführer nur auf ein, zwei oder mehrere Jahre in die erzbischöfliche Pönitentiaranstalt verweisen, und er wird finden, daß eine empfindliche Beschränkung der persönlichen Freiheit, der man sich unterwirft, um nicht seinen Stand und seine ganze ökonomische Existenz zu verlieren, blos deßhalb, weil die Regierung davon Kenntniß erhält, weder aufhört, ein Uebel — noch wenn sie ohne zureichende Gründe, ohne hinlängliche Beweise, oder ohne vorgängiges förmliches Verfahren verfügt wurde, auch ein Unrecht zu sein. Möge man aber aus dieser Bemerkung ja nicht schließen, daß wir der kirchlichen Behörde eine Neigung zur Härte zuschreiben. Hierzu hätten wir wahrhaftig nicht den mindesten Grund; nur im allgemeinen Interesse der Gerechtigkeit, der Wahrung der Rechte des Staats und der Sicherheit gegen die mögliche Gefahr einschleichender Mißbräuche, muß der Staat auf dem bezeichneten Vorbehalte bestehen. Sind ja doch Conflicte zwischen Staat und Kirche denkbar, in welchen das Strafrecht der Kirche dem Rechte des Staats, die Verletzung seiner eigenen Gesetze zu ahnden, weichen muß. Eben deßwegen dürfen auch selbst ganz unbedeutende Freiheits und Geldstrafen nicht ausgenommen werden, da ihre Wiederholung sie zu einem beträchtlichen Maaße steigern kann.

Nicht ohne gerechtes Erstaunen lasen wir in der Beschwerdeschrift, es gäbe Gemeinden, die Jahre lang umsonst klagen, und vernahmen wir die Frage, „will die Regierung solche Gemeinden etwa zwingen, sich selbst zu helfen? und was mögen sie wohl von der Gesinnung der Regierung denken.“ Streitigkeiten zwischen Gemeinden und ihren Pfarrern sind freilich nicht selten; nicht immer haben sie Bezug auf die sittliche Haltung und den kirchlichen Character des Geistlichen, und leicht begreiflich ist nicht überall er es, der im Unrecht sich befindet. Aber wo hat je die Regierung einen „schlechten“ Geistlichen gegen das Ordinariat in Schutz genommen? Wann hat sie wohlbegründete Straferkenntnisse aufgehoben oder ermäßigt, oder die Kirchenbehörde gehindert, gegen Geistliche, welche die ihrem

Stande schuldige Rückſichten im mindeſten verletzten, einzuſchreiten.
Man wird nicht einen einzigen Fall dieſer Art namhaft zu machen
im Stande ſein. Freilich, wo man die Hilfe in Verſetzungen ſucht,
iſt die Gelegenheit nicht immer dazu vorhanden, auch ſind ſie nur
ſelten das rechte Mittel, und überall, wo man beſorgen muß, nur
den Sitz des Uebels zu wechſeln, entſchieden verwerflich. Die Regierung kann nichts mehr wünſchen, als daß die Kirchenbehörde heil-
ſame Strenge übe und die Bemühungen des Erzbiſchofs für die Erhaltung der ſittlichen und kirchlichen Ordnung von dem Ordinariat
kräftigſt unterſtützt werden. Niemals könnte ein Mangel an ſtrenger
Aufſicht, und ernſter Einſchreitung gegen ſtrafbare Geiſtliche durch
die Behauptung entſchuldigt werden, die kirchliche Behörde entbehre
einer zureichenden Strafgewalt. Sie hat dieſe in ihrem vollen Umfang, unter einem Vorbehalt, der ihrer Wirkſamkeit nicht ſchadet.
Kann man aber jemals nachweiſen, daß die Regierung ihr Aufſichtsrecht zum Schutze unwürdiger Geiſtlicher mißbrauche, nun ſo klage
man laut, und mit Allen, die eine ſolche gegründete Klage vernehmen, werden auch wir in den ſchärfſten Tadel einſtimmen. Die
Forderung aber, daß man vornehmlich in ſchwereren Fällen die Form
wahre, auf deren Beobachtung auch der, mit dem ſchwerſten Ver-
dachte Belaſtete ein Recht hat, und die weitere Forderung, daß die
Grenzen der disciplinären Strafgewalt nicht überſchritten werden,
auch wo die ſchwere Schuld außer Zweifel ſteht, wird man aber
wohl niemals als einen, ſtrafbaren Geiſtlichen verliehenen, ungebührlichen Schutz betrachten wollen.

Wir gehen nun zu den Mittheilungen und Bemerkungen über,
welche die Beſchwerdeſchrift in Beziehung auf die Lage der kirchlichen Angelegenheiten im Jahre 1839, ſodann auf die, während des
Landtages im Sommer jenes Jahres zwiſchen dem Freiherrn von
Andlaw, als Mitglied der erſten Kammer, dem Herrn Erzbiſchof und
dem Verfaſſer der gegenwärtigen Schrift, als damaligem Präſiden-
ten des Miniſteriums des Innern, Statt gehabte Beſprechungen und
beziehungsweiſe Verhandlungen, gemacht hat. Bei der Beleuchtung
jener Mittheilungen und Bemerkungen erlaubt ſich der Verfaſſer, da
ſie ihn perſönlich berühren, ſich in erſter Perſon redend einzuführen.

Es iſt wahr, daß Freiherr von Andlaw bald nach dem Beginnen des Landtages von 1839 mir ankündigte, daß ſeine Ehre und
ſein Gewiſſen ihm gebiete, auf dieſem Landtage die Motion zu ſtellen

und zu begründen, die man auf dem vorigen zu beseitigen gesucht
habe. Es ist aber nicht die genaue Wahrheit, wenn mich die Beschwerdeschrift sagen ließ, das Hauptübel der Kirche rühre von ihren eigenen Priestern her, sondern ich sagte allgemein: von den Parteiungen,
und die ganze Beschwerdeschrift liefert einen Commentar zu dieser
Behauptung. Es ist dagegen wiederum wahr, daß ich Herrn von
Andlaw durch angemessene Vorstellungen von seinem Vorhaben ab-
zubringen mich bemühte, aber, wie ich ihm ausdrücklich erklärte,
nicht in meinem persönlichen, nicht in einem egoistischen Interesse
der Regierung, sondern lediglich in seinem eigenen, und in dem des
Herrn Erzbischofs und der katholischen Landeskirche. Ich wies ihn
an den Herrn Erzbischof selbst, um sich die Ueberzeugung zu verschaffen, daß wir uns über die wichtigsten, seit vielen Jahren ver-
handelten Fragen verständigt hätten; ich verwies ihn überhaupt auf
das ganze wohlwollende Benehmen der Regierung der katholischen
Kirche gegenüber und erwähnte insbesondere, wie der Verfasser der
Beschwerdeschrift richtig bemerkt, ihrer Sorgfalt für die Bildung junger Theologen, wovon später ausführlicher die Rede sein wird.

Es hatte mir geschienen, daß meine Erinnerungen wenigstens
theilweise nicht ohne den gewünschten Eindruck geblieben, als ich von
dem Herrn Erzbischof ein Schreiben erhielt, welches mich von dem
Inhalt einer zwischen ihm und Herrn von Andlaw Statt gehabten
Unterredung, und von den Bedingungen unterrichtete, unter welchen
der Letzte sich erbot, von seinem Entschlusse, seine Motion über die
kirchlichen Angelegenheiten unseres Landes und unserer Zeit in der
Kammer vorzutragen, abzustehen. Dem Zwecke gegenwärtiger Schrift,
das Benehmen der Regierung und ihrer Tadler in ein wahres Licht
zu stellen, wäre es in keiner Weise undienlich, den ganzen Inhalt
dieses Schreibens, soweit es Aeußerungen des Herrn von Andlaw
referirt, hier mitzutheilen. Rücksichten, welche er selbst und alle
Betheiligten ehren werden, sind es allein, die mich bestimmen, lediglich nur, was der Beschwerdeführer (ohnerachtet das vertrauliche
Privatschreiben nicht aus meiner Verwahrung kam) in Erfahrung
gebracht und mit unrichtigen Zusätzen vermehrt und veröffentlicht
hat, mit den eigenen Worten der mir gemachten Mittheilung zu
geben.

Indem Herr von Andlaw nach dem berührten Schreiben, das
ihn als redend einführt, erklärte, daß nichts seinen Entschluß (die

bezeichnete Motion vorzutragen) ändern werde, wenn nicht die Regierung dem Herrn Erzbischofe folgende Concessionen mache, drückte er dieselben in den nachstehenden Worten aus:

„Erstens, Herr Ministerialrath Zahn muß gleich nach dem Landtage pensionirt werden, weil er ........"

„Zweitens, verlange ich die Entfernung des Herrn Rabholz von der Directionsstelle des Schullehrer-Seminars, der ........"

„Drittens, verlange ich, daß der Conviet der zweiten Kammer nicht vorgelegt, sondern der Bau des Seminars in St. Peter unverzüglich nach dem Wunsche Sr. Königl. Hoheit begonnen werde. Die paar Tausend Gulden, die für die neue Einrichtung nöthig sind, seien von keinem so großen Werthe, daß sie der Zustimmung der Kammern bedürfen. Sie können, wie es schon oft geschehen, in die Nachweisung aufgenommen werden."

„Viertens, verlange ich, daß sowohl bei der Anstellung eines neuen geistlichen Ministerialraths, als eines neuen Schullehrer-Seminariums-Directors ein jeweiliger Erzbischof mitzuwirken oder beizustimmen habe."

„Fünftens, verlange ich, daß diese Concessionen höchsten Orts genehmigt, schriftlich ertheilt und ihm (dem Herrn Erzbischofe) zu seiner Selbstberuhigung und zur Beruhigung vieler Tausend Katholiken eine Abschrift mitgetheilt werde."

In der mir hierüber gemachten Mittheilung war weder der geistlichen Einwirkung auf Mittel- und Volksschulen, noch der Prüfung der Religionsgrundsätze der katholischen Lehrer, welche die Beschwerdeschrift als weitere Forderungen bezeichnet, auf irgend eine Weise gedacht. Es war aber beigefügt, daß Freiherr von Andlaw auf die ihm gemachten Bemerkungen von einer sechsten, auf die Strafgewalt bezüglichen Bedingung abgestanden sei.

Der Herr Erzbischof war aus guten Gründen entschieden gegen die Motion als Mittel, die Zwecke der Kirche zu befördern, billigte aber die Grundsätze, auf welchen die fünf Artikel beruhten, und würde leicht begreiflich ihre Genehmigung gerne gesehen haben.

Die Beschwerdeschrift erzählt nun: „Die persönlichen Begehren reizten auf, Nebenius verwarf alle, als Trotz, mit dem Bemerken, er habe mit keiner Macht zu unterhandeln, und der Erzbischof besorgte nun heftige Auftritte durch die Motion. Andlaw, der bei diesen Verhandlungen angegriffen wurde, gab, wie man versichert, feine Erklärung in einem Briefe an Nebenius ab, der ihm mündlich erklärte, er habe nichts gegen Andlaw's Ansichten einzuwenden, und seine Schritte würden denselben zufrieden stellen."

Daß Form und Inhalt der mir zugekommenen Erklärung mich nicht wenig in Erstaunen setzten, brauche ich kaum zu bestätigen. Richtig ist es auch, daß ich jede Unterhandlung über die als Bedingung der Beseitigung einer Motion gestellten Forderungen von der Hand wies. Nur sprach ich nicht von Troß, denn solche Ausdrücke kommen nicht leicht aus meinem Munde, auch war dieses Wort nicht das rechte. Allerdings war aber meine Erklärung, womit ich jene Forderungen charakterisirte und sie unbedingt zurückwies, sehr fest und bestimmt.*)

In seinem mir einige Tage später zugekommenen Schreiben widersprach Herr von Andlaw entschieden jeder Absicht einer Unterhandlung, und ließ nur eine historische Hinweisung auf Reverse für Landeskirchen einfließen, ohne die fünf Artikel zu berühren. Zugleich äußerte er sich auf eine Weise, welche die achtbaren Gesinnungen und die reinsten Absichten, die ihn beseelten, an den Tag legte. So wenig ich auch diese verkannte, so wenig vermochte ich aber seine Ansichten über die kirchlichen Angelegenheiten zu theilen, wie aus der Beschwerdeschrift selbst erhellt.

Man schien vorauszusetzen, daß ich in einem persönlichen Interesse eine öffentliche Discussion über jene Angelegenheiten scheute; allein dies war bei meinem guten Bewußtsein, wie gesagt, keinesweges der Fall.

Die Motion unterblieb, und in der Kammer wurde am 1. Juli 1839 vom Freiherrn von Andlaw nur eine Frage gestellt, und nachdem ich darauf geantwortet hatte, vom Herrn Erzbischof eine kurze Erklärung abgegeben. Ehe ich diese mittheile, sei mir gestattet, jene Artikel zu besprechen und den damaligen Stand der übrigen in diesem Abschnitte berührten kirchlichen Angelegenheiten kurz darzustellen, da dies erforderlich ist, um die Bedeutung der von dem Herrn Erz-

---

*) Was ich dem Herrn Erzbischof auf die, mir gemachte Mittheilung erwiederte, konnte ich fast buchstäblich hier wiederholen, da ich das Concept einer Antwort noch besitze, die ich gerade entworfen hatte, als ich mit ihm zusammentraf und er mir gestattete, ihm mündlich zu eröffnen, was ich schriftlich thun wollte.

bischof in der ersten Kammer abgegebenen Erklärung außer Zweifel zu setzen.

1) Der auf die Entfernung des Herrn Ministerialraths Zahn aus der Kirchensection bezügliche Antrag ist zuvörderst nur unter dem Gesichtspunkte der Persönlichkeit dieses Staatsbeamten zu betrachten, da das Princip, auf welchem diese Forderung beruhte, bei der Beleuchtung des dritten Artikels zu erörtern ist.

Herr Ministerialrath Zahn, von der Beschwerdeschrift der Hinneigung zu den Grundsätzen der noch in Oesterreich bestehenden Josephinischen Gesetzgebung beschuldigt, wird diese Beschuldigung weder von der Hand weisen, noch darin einen begründeten Vorwurf gegen seine Rechtgläubigkeit erkennen. Er hat seine kirchenwissenschaftlichen Studien auf der Universität zu Prag vollendet und huldigt Ansichten, welche unter der, durch ihre theologische und humane Bildung ausgezeichneten, niedern und höhern katholischen Geistlichkeit der österreichischen Monarchie weithin verbreitet sind. Es ist mehr als sonderbar, aus dem angegebenen Grunde ihn als unfähig zu erklären, ein Mitglied einer Stelle zu sein, welche die staatischen jura circa sacra wahrzunehmen hat. Er besitzt, — dies ist notorisch, — die zur Bekleidung einer solchen Stelle erforderlichen kirchenrechtlichen und kirchengeschichtlichen Kenntnisse in ausgezeichnetem Grade, und es gilt von ihm Alles, was in dieser Beziehung von dem geistlichen Rath Häberlin gesagt worden. Er ist dabei aber noch ein ungemein thätiger und tüchtiger Geschäftsmann. Zu den Tugenden seines Privatcharacters gehört die der Geradheit und Offenheit, welche, wo sie in dem Maaße, wie bei ihm gefunden werden, allerdings nicht immer in der Form ihrer Aeußerungen alle Rücksichten so ängstlich wahrnehmen, wie die Kälte und umsichtige Zurückhaltung mehr verschlossener Charactere. Der Grund der eingetretenen Zerwürfnisse ist aber nicht der angegebene, sondern liegt hauptsächlich in außeramtlichen, unrichtig aufgefaßten Aeußerungen und Zwischenträgereien, die wirklich Gesprochenes leicht entstellen, und mit nicht gesprochenen Zusätzen vermehren. Da in neuerer Zeit seine persönlichen Verhältnisse zum Vortheil seiner amtlichen Stellung sich freundlicher gestaltet haben, so kann man um so weniger billigen, daß die Beschwerdeführer nicht unterlassen konnten, auch ihn vor ihr Gericht zu laden.

2. Welch' schreiendes Unrecht gegen den Director des Schul-

lehrer = Seminars, Herrn Rabholz, durch die Entfernung von seinem noch nicht 5 Jahre bekleideten Amte, die seine ökonomische Existenz vernichtet hätte, verübt worden wäre, wurde mir aus der ersten Unterredung mit diesem, seinem Berufe im vollständigsten Maaße gewachsenen Manne klar, und es bedurfte nur der Weisung, sich gegen den Herrn Erzbischof zu erklären, um sogleich alle Anstände zu heben und die Kirchenbehörde vollkommen zu beruhigen.

3) Daß der Großherzog zur Seetion nur solche geistliche Räthe berufe, deren Wahl der Bischof gebilligt habe, war eine Forderung, die in directem Widerspruche mit dem Zwecke und Grunde der Bildung einer besondern Behörde zur Ansübung des Aufsichtsrechts des Staates über die Kirche steht. Nach den Grundsätzen des allgemeinen Staatsrechts ist die Bildung einer solchen Behörde, deren Mitglieder ausschließlich der zu beaufsichtigenden Kirche angehören, nicht geboten. Wir finden, daß diese Einrichtung in wenigen Staaten besteht, und ebenso von obersten Stellen, die mit Katholiken besetzt sind, ohne weiteres die jura circa sacra über die protestantische Kirche, wie anderwärts die gleichen Rechte über die katholische Kirche von Behörden, welche aus Angehörigen beider Confessionen gebildet sind, gehandhabt werden. Muß man aber, wie nicht zu zweifeln ist, die hierlands bestehende Einrichtung als eine wesentliche Bedingung des Vertrauens und als eine zweckmäßige Garantie betrachten, so ist auf der andern Seite nicht zu verkennen, daß gerade die eigenen Glaubensgenossen, welche die Aufsichtsrechte des Staats über ihre Kirche zu wahren haben, im Allgemeinen eher versucht sein mögen, Statt an die bloße Rechts= und Thatfrage sich zu halten, sich von ihren eigenen individuellen Ansichten in Glaubenssachen leiten zu lassen, was sowohl nach der einen als nach der andern Seite hin geschehen kann. Davor müssen sich die Mitglieder der Aufsichtsbehörde stets hüten. In dieser Beziehung ist von den Angehörigen einer andern Confession, die nicht von einem zelotischen Eifer (der in Ländern von stark gemischter Bevölkerung zu jedem Staatsamte unfähig macht) beherrscht werden, wohl in der Regel noch mehr Discretion zu erwarten, dagegen aber auch gar leicht eine, aus übertriebener Discretion und aus Unkenntniß hervorgehende Vernachlässigung der Rechte des Staats zu besorgen. So liegt daher die bestehende Einrichtung in jeder Beziehung auch im Interesse des Staats selbst. Von dem Regenten aber verlangen, daß er zur Anstellung von geistlichen

Mitgliedern dieser Behörde, die Genehmigung des Erzbischofes einhole, heißt die Rechte und das Ansehen des Thrones und das Verhältniß des Staates und der Kirche gänzlich mißkennen.

4) Eben so wenig konnte der Großherzog seines Rechtes, den Seminariums-Director frei zu wählen, sich entäußern. Daß aber in Beziehung auf den Religionsunterricht die Rechte des Herrn Erzbischofs geachtet werden, ergiebt sich aus dem so eben berührten Verfahren, welches in Folge der gegen Herrn Rabholz, in Hinsicht auf den Unterricht im Seminarium, vorgebrachten Beschuldigungen beobachtet wurde.

5) Ueber die Errichtung eines Convictes für Theologie Studirende lagen im Juli bestimmte Vorschläge des Ministeriums bereits vor, und war nur die höchste Genehmigung des außerordentlichen Budgets zu erwarten. Da es sich weder um eine unvorhergesehene Ausgabe, noch um eine bloße Ueberschreitung eines bereits genehmigten Voranschlags handelte, so konnte die vorgängige Bewilligung der Kammern nicht umgangen werden*).

6) Die Verordnung über die Strafgewalt war vor dem 1. Juli dem Herrn Erzbischof bereits amtlich mitgetheilt worden.

7) Eben so hatten wir uns über die Concursprüfungen verständigt, und bei meinem Austritt aus dem Ministerium war der Entwurf der später ergangenen Verordnung, gegen welchen selbst die Beschwerdeschrift nichts einzuwenden weiß,**) dem Großherzoglichen Staatsministerium ebenfalls schon übergeben.

---

*) Seither erging die Großh. Verordnung, wonach der Convict, sobald die bauliche Einrichtung in St. Peter vollendet und das Seminar dorthin verlegt sein wird, unter dem Namen: Collegium theologicum ins Leben treten soll. Unter Bestimmung der geeigneten Einwirkung des Erzbischofs stellt die Verordnung das Collegium als Universitätsanstalt unter die Leitung des Ministeriums des Innern und ordnet (vorbehältlich der, den akademischen Senat berührenden Angelegenheiten) zur unmittelbaren Aufsicht in pädagogischer und ökonomischer Hinsicht eine Commission an, welche wenigstens aus drei Professoren der theologischen Facultät bestehen soll. Die unmittelbare Leitung der Anstalt besorgt ein Director, den der Großherzog (nach Anhörung der Wünsche des Erzbischofs) ernennt. Der Director ist Mitglied der Aufsichtscommission, deren übrige Mitglieder je auf drei Jahre, so wie auch den Vorstand aus ihrer Mitte, das Ministerium bestellt.

**) Ich hatte noch überdies einen Entwurf über die Einwirkung des Herrn

8. Die Mitaufsicht des Herrn Erzbischofs auf den Religionsunterricht, welche die Beschwerdeschrift als beanstandet bezeichnete,
konnte nicht in Frage stehen. Es ist eine gehässige Beschuldigung,
wenn die Beschwerdeschrift andeutet, daß man sie, da ihrer in der
Verordnung über die gelehrten Schulen nicht gedacht ist, erst später
in dem Lehrplan nachträglich bewilligt habe. Es war, wenn man
will, überflüssig, ihrer hier und dort zu gedenken, da sie auf bestimmten Gesetzen beruht, und es ist ihrer auch nur, als eines bestehenden verfassungsmäßigen Rechtes in dem Lehrplan gedacht, dessen
letzte Redaction ich gleichzeitig mit der Redaction des Verord-
nungs-Entwurfs besorgte *).

9. Von einer Art inquisitorischer Prüfung der Religionsgrundsätze katholischer Lehrer überhaupt, welche nach der Beschwerdeschrift
der Herr Erzbischof verlangt haben soll, und der sich also auch die
weltlichen, für den Unterricht in Sprachen, Mathematik, Physik,
u. s. f. zu unterwerfen hatte, war meines Wissens nie die Rede
und konnte auch wohl die Rede nicht seyn. Dagegen hatte sich in
einem andern Gebiete ein Conflict zwischen dem Ministerium und
der Kirchenbehörde erhoben, nehmlich in Beziehung

10. auf das Aufgebot, bei beabsichtigter Schließung einer gemischten Ehe, in dem Falle, wo der protestantische Theil bereits ge-
heirathet war, und von seinem Ehegatten rechtsgültig geschieden
wurde und dieser noch lebt.

Ein solcher Fall, in welchem unsere Gesetze verlangen, daß der
Pfarrer das Aufgebot, in der weltlichen Eigenschaft eines Beamten
des bürgerlichen Standes, vollziehe, war vor meiner Zusammenkunft
mit dem Erzbischof im März 1839 vorgekommen und hatte Verhandlungen zwischen den Behörden herbeigeführt.

---

Erzbischofs auf die Anträge zur Wiederbesetzung erledigter Pfarreien vorgelegt, der bei meinem Austritt aus dem Ministerium in Berathung
stand. Den Erfolg der Berathungen kenne ich nicht.
*) Wenn die Beschwerdeschrift ihren irrigen Angaben, um keine Gelegen-
heit zur Erregung von Mißtrauen vorübergehen zu lassen, die Bemerkung beifugt, daß oft von protestantischen Lehrern in gemischten Mit-
telschulen auf Katholiken und ihr Kirchenwesen geschimpft werde, so
hätte sie besser gethan, statt einen solchen allgemeinen Vorwurf auszu-
stoßen, den Fall oder die Fälle, die ihr bekannt geworden, der Behörde
anzuzeigen, damit dem Frevel die gebührende Ahndung folge.

Obwohl nun, da der Geistliche lediglich in der bezeichneten Eigenschaft angewiesen ward, die Thatsache, daß die Brautleute sich ehelichen wollten, zu verkünden, hierin doch wohl kein Gewissenszwang liegt, so leuchtete mir das Ungeeignete einer solchen Unterscheidung des kirchlichen und bürgerlichen Characters derselben Person so sehr ein, daß ich von der Nothwendigkeit, in derartigen Fällen dem katholischen Pfarrer den Vollzug des Aufgebots zu erlassen, mich vollkommen überzeugte *). Mir schien es, und scheint es noch, hiezu eines neuen Gesetzes (aus Gründen, deren Erörterung ich mich hier enthalte) nicht zu bedürfen. Diese Ansicht vermochte ich aber nicht durchzusetzen, und man zog vor, einen Gesetzentwurf über diesen Gegenstand bearbeiten zu lassen **).

Dieß war die Lage der kirchlichen Angelegenheiten, als Herr von Aubtaw am 1. Juli seine Anfrage über den Stand derselben und über die der Ausübung der Rechte der katholischen Kirche angeblich in dem Wege stehenden Hindernisse stellte. Nachdem ich hierauf im Wesentlichen erklärt hatte, daß kein Grund zu irgend einer Beschwerde vorhanden sei, und die in Folge des Strebens nach Verbesserung und Vervollkommnung in Anregung gebrachten Fragen eine befriedigende Erledigung theils bereits erhalten hätten, theils im Begriffe ständen, sie zu finden, sprach sofort der Herr Erzbischof folgende Worte: „Ich halte mich verpflichtet, Alles, was der Herr Präsident des Ministeriums des Innern in Beziehung der katholischen Landeskirche ausgesprochen hat, dankbar zu bestätigen. Die Hauptbeschwerden, die schon der hochselige Herr Erzbischof Bernhart eingereicht hat, sind größtentheils gehoben. Der Convict, resp. die Trennung des Seminars von demselben, ist unter die Verhandlungen des gegenwärtigen Landtages aufgenommen. Die übrigen Wünsche des Episcopats sehen successiver Erfüllung entgegen."

---

**) Man muß die Regel allgemein stellen: Die Regierungen sollen Keinem in seiner bürgerlichen Eigenschaft, als Staatsbeamter oder bloßer Staatsbürger, sei es im bürgerlichen Leben, wie im öffentlichen Dienst jeder Art, irgend etwas unter einem andern Gesichtspunkt zumuthen, was unter dem confessionellen Gesichtspunkte, den anerkannten Glaubenslehren seiner Confession widerstreitet.

*) Der weitere Verlauf der Sache ist mir unbekannt. Wahrscheinlich haben auf die momentanen Zeitverhältnisse bezügliche Bedenken die Vorlage verzögert.

„Ich hoffe, daß die neu errungenen Rechte auf dem Wege des Vollzugs sich kräftiger Unterstützung von Seiten hoher Regierung zu erfreuen haben werden."

Freiherr von Andlaw sprach hierauf: „Ich kann über die eben vernommene Erklärung nur meine innige Freude und Beruhigung äußern."

Hieraus sieht man, daß die Beschwerdeschrift den Herrn Erzbischof etwas sagen läßt, das er nicht gesagt hat. Man sieht auch, daß er mit der kleinen Verordnung über die Strafgewalt ganz zufrieden war. Diese Erklärung überhaupt ist eine schlagende Antwort auf die bittern Angriffe der Beschwerdeschrift gegen die Regierung.

Hiemit war also die Motion des Herrn v. Andlaw glücklich beseitigt. Allein dafür wurde das Publikum nun von der Hand eines oder mehrer dritten Ungenannten mit einem Surrogate beschenkt, von dem man gewiß nicht sagen darf, daß es in jeder Beziehung, wie eine bekannte Regel des Rechts will, die Natur des Werkes, das sie ersetzen soll, behaupte. Denn sicherlich hätte Herr von Andlaw die Rücksichten, welche man der thatsächlichen Wahrheit, welche man der Regierung, dem Oberhirten der katholischen Kirche in Baden, dem Andenken trefflicher, dahingegangener Männer, dem Namen und Verdienste so vieler noch Lebenden schuldig ist, nicht auf solche Weise verletzt, wie die Beschwerdeschrift es thut. Diese wäre wahrscheinlich nicht erschienen, wenn eine öffentliche ausführliche Verhandlung in den Kammern stattgefunden hätte, und somit hätten also Diejenigen, welche die Motion zu verhindern suchten, einen sehr schlechten Tausch gemacht.

Es ist nun, was in der Darstellung der Thatsachen nicht ohne eine, die Uebersicht derselben erschwerende Abschweifung geschehen konnte, hier noch nachträglich zu erläutern, in wie ferne ich mit Recht zum Beweise der Sorgfalt, welche die Regierung dem Wohle der katholischen Kirche widme, auf die bei der Universität Freiburg getroffenen Einrichtungen mich beziehen durfte. Was ich hierüber zu sagen habe, liefert zugleich einen wesentlichen Beitrag zur Widerlegung der allgemeinen Beschuldigung des Uebelwollens gegen die Katholiken, womit die Beschwerdeschrift die Regierung belastet.

Indem die Regierung die gegenwärtige Zusammensetzung der theologischen Fakultät zu Stande brachte, vermied sie sorgfältig, Männer zu berufen, die der mindeste Verdacht traf, daß sie der Fahne einer leidenschaftlichen streitsüchtigen Partei, sey es in der einen, sey es in der andern, entgegengesetzten Richtung zu folgen geneigt seyen; sie suchte dem alten Stamme der Fakultät nur solche Männer zu verbinden, die ein harmonisches Zusammenwirken aller ihrer Mitglieder zu dem hohen Zwecke einer tüchtigen Berufsbildung der theologischen Jugend mit Sicherheit erwarten ließen. Wer sollte nicht glauben, daß der Regierung ihre Bemühungen mißlungen, wenn der Beschwerdeführer, indem er am letzten Abschnitt S. 101, mit Recht eine strenge Handhabung der Concursprüfung, damit sie gute Geistliche tiefere, verlangend, die Worte beifügt: „aber dazu gehört auch ein größerer kirchlicher Einfluß auf den Unterricht, der ganz in den Händen der Regierung ist, und welche auf die religiöse Bildung der Lehrer nicht die Aufmerksamkeit verwendet, wozu sie doch durch das Wohl des Staates aufgefordert wird.“

Betrachten wir doch, um diese Bemerkung zu würdigen, etwas näher die gegenwärtige Zusammensetzung der katholisch theologischen Fakultät, welcher die Bildung der künftigen Geistlichen und Religionslehrer anvertraut ist. Was läßt diese Fakultät, deren beide ersten Mitglieder zugleich dem Domkapitel angehören, zu wünschen übrig, und welche andere Lehranstalt gleicher Art kann ihr den Rang streitig machen? An ihrer Spitze erblicken wir eine der ersten Notabilitäten der ganzen katholischen theologischen Welt, einen Geistlichen und Gelehrten, den Geheimenrath Hug, der zugleich im Gebiete der humanen Wissenschaften im ersten Range glänzt und dessen allgemein rühmlichst bekannter Name schon alles sagt. Zu dem alten Stamme, den er, mit einem geschätzten Lehrer, dem geistlichen Rath Merk bildet, kamen hinzu: der Domkapitular und geistliche Rath Hirscher, durch sein Handbuch der christlichen Moral den Herzen seiner zahlreichen Verehrer unter beiden Confessionen innig befreundet, und durch die Wärme seiner Vorträge, wie durch seine ganze Persönlichkeit, in welcher ein edler wahrhaft apostolischer Character sich ausprägt, vorzugsweise dazu geschaffen, die religiösen und sittlichen Gefühle der theologischen Jugend zu erwecken und zu beleben; der geistliche Rath Staudenmaier, der sie in die Tiefen des dogmatischen Wissens einzuführen berufen, seine hohe Meisterschaft in der philosophischen Behandlung des theologischen Stoffes durch Werke von anerkanntem Werthe beurkundet hat. Professor Vogel, dem competente Richter das Zeugniß der ruhigen, fleißigen unbefangenen Forschung geben, die zum Vortrage der Kirchengeschichte hauptsächlich tauglich macht; Professor Schleier, der, ein noch junger, talentvoller Mann, in dem exegetischen Gebiete seinem nahen hohen Vorbilde nachstrebt, und seine frühzeitige Berufung zum Lehramte auch durch gediegene literarische Arbeiten gerechtfertigt hat. Ausserdem war noch zur Anstellung als außerordentlicher Professor ein ausgezeichneter, junger Theologe, Lehramtscandidat Maier, bestimmt, der durch seine Lehrvorträge sich bereits als solcher Anstellung würdig erwiesen, zu seiner vielseitigen Ausbildung aber zuvor noch reisen und andere Anstalten besuchen sollte, und nunmehr die ihm bestimmte Lehrkanzel eingenommen hat. Dem Lehrpersonale der theologischen Fakultät durfte man überdies einen tüchtigen Orientalisten beizählen, den die philosophische Fakultät in dem würdigen Professor und Dr. der Theologie Wetzer besitzt.

Auf diesen Kreis von acht Lehrern, der in den letztverflossenen Jahren durch die Berufung von Hirscher und Staudenmaier, und die Anstellung von Vogel, Schleier und Maier vervollständigt wurde, durfte ich wohl hinweisen, als auf den sprechendsten Beweis der Fürsorge der Regierung für das Wohl der katholischen Kirche. Kann man dieses Wohl auf eine wirksamere und heilvollere Weise befördern, als durch die sorgfältigste Auswahl der Männer, welchen die Bildung und Erziehung der Religionslehrer und kirchlichen Beamten anvertraut wird? Welches Bedenken kann man haben, Männern, gegen deren Rechtgläubigkeit und Frömmigkeit sich nicht der leiseste Zweifel erhebt, deren wissenschaftliche Tüchtigkeit und Berufstreue notorisch ist, die Leitung der Anstalt (des Convicts) zu überlassen, die doch nur eine Bürgschaft für die glückliche Lösung *ihrer* Aufgabe der Erziehung und Bildung künftiger Priester, eine Garantie des Erfolgs *ihrer* Bemühungen ist, dem Priesterseminar würdige Zöglinge zu überliefern. Hat die Regierung das *Ihrige* mit Umsicht und in treuer Pflichterfüllung gethan, was ihres Amtes ist, hat sie nichts versäumt, was sie zur Beförderung der kirchlichen Zwecke, in steter freundlicher Rücksprache mit der Kirchenbehörde, nur immer thun kann, so darf sie um so zuversichtlicher erwarten, daß die Kirche ihre ganze Kraft nach ihrer *innern* Seite wende, und nicht nach steter

Erweiterung ihrer Befugniße und nach Beschränkung der hergebrachten
Wirksamkeit der Regierung strebe. Alle Streitigkeiten mit den Staatsbehörden über Dispense, über einzelne angebliche Eingriffe, über eine
mehr oder weniger umfassende Mitwirkung in dieser oder jener Sphäre,
über die Formen des Aufsichtsrechts u. s. f. verschwinden gegen die große
Aufgabe, die, der Kirchenbehörde unbestritten zustehende Mittel zur
sorgfältigen Pflege des religiösen Elements im Volke, mit aller
Kraft und allem Nachdruck zu gebrauchen. Eine strenge Aufsicht auf
die sittliche, religiöse, gesellschaftliche und amtliche Haltung der
Geistlichen, häufige Rundreisen des Oberhirten der katholischen Landeskirche, oder des Weihbischofs, um mit eigenen Ohren
und Augen zu hören und sehen, zu beloben, zu ermuntern, zu ermah-
nen, zu warnen, nach Befund einzuschreiten und so wenig wie möglich
von einseitigen Berichten influencirt zu werden; dieß sind die wahren
und wirksamen Mittel zur Entwickelung der innern Seite der
Kirche. Nur dann, — wir wiederholen es — wenn der Staat ihre
wohlbegründete Erinnerungen gegen Männer, welchen er den Unterricht und die Erziehung der Theologiestudierenden anvertraut, überhört, nur dann, wenn er der Kirchenbehörde zum Vollzuge wohlbe-
gründeter Maaßregeln, die sie gegen strafbare Priester beschlossen
hat, seine Hilfe versagt, erhebe man Beschwerde und klage die
Regierung an, der Verletzung der heiligsten ihrer Pflichten. Uebrigens
kann die eminente Mehrheit des Badischen katholischen Clerus, die
durch die ganze Beschwerdeschrift laufende Klage über mangelhafte
Bildung und andere Gebrechen, wenn es auch, wie überall an einzelnen unwürdigen Individuen nicht fehlt, mit gerechtem Selbstge-
fühle zurückweisen. Man lerne den niedern Clerus in andern nicht
deutschen Ländern kennen, die Vergleichung wird eben so sehr zum
Ruhme unserer Geistlichkeit, als überhaupt zum entschiedenen Vortheile der Anstalten ausfallen, durch welche die deutschen Regierungen
für die Bildung der Religionslehrer beider Confessionen sorgen; und
betrachtet man die sittliche, religiöse und politische Haltung der
deutschen Völker, so wird wahrlich kein Zweifel darüber bleiben,
wo es mit der Pflege des religiösen Elements im Volke, so viel
auch noch zu wünschen übrig bleiben mag, doch noch am besten steht.

Die Beschwerdeschrift hatte nicht ein Wort des **Dankes**, weder
für die Rücksicht, welche die Großherzogliche Regierung **den Wün-**
schen des Erzbischofs trug, indem sie seine etwaige **Erinnerungen bei**

Berufung von Professoren der Theologie jeweils zu vernehmen (freilich ohne die freie Wahl des Großherzogs zu beschränken) befahl, noch für die Umsicht und Sorgfalt, die sie bei der Organisation der theologischen Fakultät an den Tag legte. Dagegen spricht sie um so lauter ihren Tadel gegen den Beschluß des Staatsministeriums aus, welcher dem Repetitor im Seminar, R. Dieringer, das Indigenat verweigerte und den sie allein dem ungünstigen Urtheile zuschreibt, das die Kirchensection über eine von ihm veröffentlichte, auf den Exorcismus bei der Taufe bezügliche Abhandlung gefällt hat. Das Staatsministerium ist schwerlich in die Lehre vom Exorcismus eingeweiht und hat sich sicherlich darüber kein Urtheil erlaubt, allein bekannt ist, daß man fremden Aspiranten auf Staats- und Kirchendienste in der Regel nicht leicht das Indigenat ertheilt, und daher möchte es um so eher bei seiner Regel stehen geblieben sein, da die Richtung, welche dieser, wegen seiner wissenschaftlichen Tüchtigkeit sonst allerdings gerühmte Gelehrte einzuschlagen schien, in katholischen Kreisen sehr lebhaft besprochen worden war, und die Regierung alles, was solchen Discussionen Nahrung geben könnte, wo es ohne Verletzung positiver Pflichten nur immer geschehen darf, gerne vermeidet; und darin hat sie vollkommen recht *).

Zum Schlusse müssen wir noch des Vorwurfs gedenken, den die Beschwerdeschrift der Regierung in diesem Abschnitte darüber macht, daß in einem Hirtenbriefe des Erzbischofs Ignaz in der an den Clerus gerichteten Ermahnung: ut sit fidelis in administratione

---

*) Daß die talentvollsten jungen Männer bei ihrem ersten Auftreten oft die Saiten etwas überspannen, ist eine nicht seltene Beobachtung. Die von der Kirchensektion in dem, von der Beschwerdeschrift mitgetheilten Erlasse an das Ordinariat vom 22. Februar 1839 gebrauchten Ausdrücke (zur Bezeichnung der von Dieringer genommenen Richtung) waren auch unseres Bedünkens zu stark für die Sprache einer öffentlichen Behörde, welche stets ruhig und gemäßigt gehalten seyn soll. Darauf zu sehen, daß diese Regel im Geschäftsverkehre beobachtet werde, ist hauptsächlich die Verbindlichkeit der Vorstände der Collegialbehörden. Die Abhandlung, auf welche die Sektion ihre Weigerung sich für die Ertheilung des Indigenats an Dieringer zu verwenden stützte, ist in der Tübinger Quartalschrift vom Jahr 1836. H. II. S. 256 — 280. zu finden.

sacramentorum *secundum rituale ab antecessore piae memoriae editum*, die hier in cursiver Schrift gesetzten Worte gestrichen wurden. Sicherm Vernehmen nach beruhte der Beschluß des Ministeriums lediglich auf der Erwägung, daß der Erzbischof Bernhart für das, dem Rituale vom 1. Januar 1835 vorgedruckten Einführungs-Mandat, welches Strafbestimmungen enthält, die Staatsgenehmigung (Placet), nicht nachgesucht, sondern dasselbe ohne weiters erlassen hatte. Hier handelte es sich daher keinesweges um einen Eingriff der Staatsbehörde in Spiritualia, sondern lediglich um die Handhabung einer gesetzlichen Ordnung, die, wie wir gezeigt, in fast allen europäischen Staaten besteht, und wobei es nicht auf den Inhalt der ertheilten Vorschrift, sondern nur auf die Form des Verfahrens ankam.

# 7.
## Bestrebungen unter der Geistlichkeit.

Der Verein, den eine Anzahl katholischer Geistlicher und Laien der obern badischen Lande, sodann aus Würtemberg, Hohenzollern und der Schweiz im Jahr 1838 in einer Zusammenkunft zu Schaffhausen gründeten, um nach dem, in den Statuten ausgedrückten Zwecke, ihre kirchlichen Angelegenheiten in Rede und Schrift frei zu besprechen und dadurch zur Beförderung des kirchlichen Lebens beizutragen, gibt der Beschwerdeschrift in diesem Abschnitte weitere Veranlassung, die Regierung einer Vernachlässigung ihrer Pflichten gegen die katholische Kirche zu beschuldigen. *) Sie glaubt, daß

---

*) Welchen Antheil an der ursprünglichen Gründung dieses Vereins ein Geistlicher aus Luzern (J. A. Fischer), dem die Beschwerdeschrift ein unwürdiges, nach ihren eigenen Angaben erst später, nach seiner Auswanderung nach Amerika, kund gewordenes Benehmen (die Unterhaltung einer Concubine) vorwirft, wirklich gehabt habe, ist ganz gleichgültig; da unter der größern Zahl von Anhängern der verschiedenen kirchlichen Meinungen und Tendenzen immer Einzelne gefunden werden, welche ihrer Partei wenig Ehre machen; und wenn leider Manche das Christenthum gegen eine, wenig erwärmende allgemeine Moral austauschen,

die Regierung den Verein, ohnerachtet seines angegebenen Zweckes, sogleich hätte verbieten sollen, weil seine weitaussehende Organisation, die Anordnung von Haupt- und Bezirksversammlungen und die Bestimmung von Geldbeiträgen, bedenklich scheinen mußten. Sie erzählt sodann, daß der Erzbischof im September 1839 seiner Geistlichkeit die Theilnahme an den Versammlungen verboten habe, weil kein Geistlicher ohne Urlaub seine Pfarrei verlassen dürfe, und der Verein vom Pabste mißbilligt werden sey. Auf die von dem Vorstande des Vereins erhobene Einwendungen erwiederte das Ordinariat (15. November 1839) unter Anderem, daß der heilige Vater sich deßhalb mißbilligend ausgesprochen, weil von einer ihm (dem Ordinariate) unbekannten Feder berichtet werden, daß in den Vereinsversammlungen die Synode, und diese nicht nach kirchlicher Vorschrift, sondern mit Zuzug von Laien gefordert werden wolte. Nachdem zuletzt am 12. Juni 1840 das Ordinariat für künftige Fälle die Ertheilung des Urlaubs zum Besuche der Versammlungen von der Vorlage eines Verzeichnisses der Geistlichen und von der Anzeige des Orts der Versammlung, der Berathungsgegenstände und der beiläufigen Dauer der Verhandlungen abhängig gemacht hatte, erhob Decan Kuenzer über diese Verfügung Beschwerde bei dem Ministerium des Innern. Dasselbe gab der katholischen Kirchensection hierauf im Wesentlichen zu erkennen, daß dem Ordinariate wohl das Recht der Urlaubsertheilung an die Pfarrer, nicht aber die Befugniß zustehe, ihnen die Theilnahme an einem nicht verbotenen Vereine, ohne vorgängiges Staatsgutheißen, zu untersagen. Es handle sich hier nicht um eine klerikalische Versammlung im Sinne des canonischen Rechts, sondern um eine Zusammenkunft von Mitgliedern eines Vereins, der zwar kirchliche Angelegenheiten besprechen wolte, an dem jedoch nicht blos Geistliche, sondern auch Laien Theil nehmen, und der sich nach seinen Statuten vorzüglich wissenschaftliche Fortbildung und Beförderung eines ächt kirchlichen Lebens zum Zwecke gesetzt habe.

---

oder von jenem sich lossagen, ohne selbst die Lehren dieser letzten zu befolgen, so gibt es auch Andere, welche glauben, daß sie durch streng orthodoxe Behauptungen und Lehren sich von der Befolgung der Gesetze der christlichen, wie der allgemeinen Moral im wirklichen Leben loskaufen können.

Die Beschwerdeschrift gesteht, daß dieser Beschluß des Ministeriums formell gültig sei, sie meint aber, daß er an wesentlichen materiellen Gebrechen leide, und daß, wenn die Staatsbehörden mit dem Ordinariat über den Zweck und die Thätigkeit des Vereins sich gehörig verständigt hätten, er entweder nicht erlaubt, oder aufgelöst worden wäre; denn sie habe sich selbst in den Kammerverhandlungen gegen gemischte Synoden erklärt, und hätte daher einen Verein, in dessen Tendenzen sie lägen, als nachtheilig für den Staat und das öffentliche Wohl betrachten und deßhalb aufheben müssen.

Daß der Verein von dem Ministerium genehmigt werden, wie die Beschwerdeschrift ausdrücklich sagt, ist nicht richtig. Nach der bestehenden Verordnung bedurfte er, so weit sein Zweck kein, nach den Gesetzen, unerlaubter oder strafbarer war, einer Genehmigung nicht, sondern konnte nur verboten werden, wenn er dem Staate oder der Kirche nachtheilig zu werden drohte. Das Ministerium hat sogleich, nachdem es von der, am 4. October 1838 Statt gehabten Versammlung zu Schaffhausen Nachricht erhalten, ohne eine Anzeige des Ordinariats abzuwarten, es an den erforderlichen Nachforschungen nicht fehlen lassen, und sofort den Behörden empfohlen, den Verein in seinen Bestrebungen zu überwachen. Indem das Ministerium anerkannte, daß solche Vereine, wenn auch ihr erklärter Zweck keinem Tadel unterliege, doch im Verfolg leicht ausarten, ließ es (unterm 15. Merz 1839) dem Ordinariate auf dessen Zuschrift an die katholische Kirchensection die Versicherung ertheilen, daß, wie der Verein irgend ein Zeichen der Richtung geben würde, die ihm der Erlaß des Ordinariats zuschreibe, und welche wir hier nicht näher bezeichnen wollen, man keinen Augenblick zaudern werde, gegen denselben einzuschreiten. Wenn die Beschwerdeschrift in einer heftigen Rede, die ein Mitglied 4 Tage nach der Schaffhauser Versammlung, in einer Pastoralconferenz zu Bondorf, hielt, schon einen hinlänglichen Grund zur Unterdrückung des Vereins erblickt, so vergißt sie, daß ein Vergehen, das ein Einzelner nicht im Vereine, sondern in einer amtlichen Stellung sich zu Schulden kommen läßt, nicht den Verein, sondern nur seine Person belastet. Das Ministerium mußte die Rüge des ungeeigneten Benehmens eines Mitglieds der Pastoralconferenz der Kirchenbehörde überlassen; dieß erklärte es ausdrücklich, und wenn keine Ahndung eintrat, so war es nicht seine Schuld.

Auch was die Beschwerdeschrift über das Benehmen des Vorstands des Vereines, des Decans Kuenzer, bei Abhaltung des Gesangfestes in der Spitalkirche zu Konstanz (am 12. August 1839) sagt, konnte wohl eine Einschreitung gegen den Verein für Besprechung kirchlicher Angelegenheiten, dem die Sache ganz fremd war, nicht begründen. Die näheren Umstände, welche die Abhaltung des Festes in der Kirche begleiteten, sind uns gänzlich unbekannt, wir vermögen daher die Erzählung der Beschwerdeschrift weder zu bestätigen, noch in Abrede zu ziehen; aber die Frage im Allgemeinen, ob die Erlaubniß zum Gebrauche einer Kirche für solche Feste in keiner Weise ertheilt werden dürfe, ohne Aergerniß zu geben, haben wir zu untersuchen, da in solchem Falle auch das Ministerium ein Vorwurf träfe. Man weiß, daß nicht nur die katholischen, sondern auch die protestantischen Kirchenbehörden sich jenem Gebrauche abgeneigt zeigen, und wir wollen strengere Ansichten nicht tadeln, sondern nur erinnern, daß schon in ältern Zeiten die Kirchen zu manchen weltlichen Zwecken benützt wurden, und so viel uns bekannt, keine allgemeinen kirchlichen Gesetze bestehen, welche jede Bewilligung zu einem dem Gottesdienste fremden Zwecke unbedingt verbieten, sondern nur solche bestimmte Verbote, welche nach heutigen Begriffen von der Rücksicht, welche die Heiligkeit des Ortes verlangt, sich von selbst verstehen. *) Dürfen aber die innern Räume der Kirchen je ausnahmsweise geöffnet werden, so gibt es wohl keinen, dem man mit größerm Rechte, da, wo es an jedem andern, für die Menge zureichenden Lokale fehlt, solche Gunst zuwenden könnte, als die Beförderung des Gesanges und der Tonkunst. Die Kirche ist ja die älteste Pflegerin beider, und beide dienen ihr ja heute noch zur Erweckung und Verstärkung der feierlichen Stimmung, die sie von Allen verlangt, welche sich an der geweihten Stätte zur Gottesverehrung versammeln. Sie ist es ja, die von der Schule fordert, daß sie den Unterricht auf Gesang und Musik ausdehne; warum sollte sie eine der schönsten Unternehmungen, welche die neuere Zeit in den Gesang- und Musikfesten aufzuweisen hat, und die wesentlich zur Verbreitung der Liebe zu einer Kunst beiträgt, von der sie selbst für ihre

---

*) In den Gesetzen früherer Jahrhunderte wurden namentlich die Abhaltung der Gerichtssitzungen in den Kirchen untersagt, um den Hader streitender Parteien und die Erörterung von Verbrechen ferne zu halten.

Zwecke einen heilsamen Gebrauch macht, nicht auf jede Weise unterstützen und begünstigen. Daß Würde und Anstand bei solchen
Festen herrschen, Bürgschaft für jede Entweihung heiliger Gegenstände gegeben werde, und man nur Gesang- und Tonstücke von
ernstem Character auszuführen gestatte, versteht sich von selbst. Darüber, ob, um jeden Anstoß und Mißbrauch zu vermeiden, nicht besser die
Erlaubniß auf Gesänge religiösen Inhalts zu beschränken, oder ein
unbedingtes Verbot zu erlassen sei, wollen wir übrigens nicht rechten.

Wir kehren nach dieser Abschweifung, wozu uns die Ordnung des
Vortrags der Beschwerdeschrift Veranlassung gab, zu dem Vereine zurück, indem wir bemerken, daß um das Einschreiten der Staatsbehörde
zu rechtfertigen, nach den bestehenden Gesetzen irgend eine Thatsache
vorliegen mußte, aus welcher auf ein, der Kirche oder dem Staate
nachtheiliges Streben des Vereins geschlossen werden konnte, und
daß man an unausgesetzter Beobachtung desselben es nicht fehlen ließ.
Ohne Zweifel wird es der Regierung, wenn er je die Reinheit der
Lehre, die kirchliche Zucht und Ordnung bedrohende Bestrebungen
verrathen sollte, viel leichter fallen, der Kirche gegen solches Beginnen vollständig wirksame Hilfe zu gewähren, als den stillen Um-
trieben anderer im Dunkeln schleichenden Parteien ein Ziel zu setzen,
deren Bestrebungen gegen die Rechte des Staates gerichtet sind, und
welche nicht nur den Saamen der Zwietracht zwischen Regierung
und Volk, und zwischen beiden Landeskirchen auszustreuen, sondern
selbst den Oberhirten der katholischen Kirche des Landes zu verdäch-
tigen suchen.

Die Beschwerdeschrift, welche sich als Resultat solcher Umtriebe
darstellt, macht sich selbst leicht begreiflich nicht zum Gegenstande
ihrer Betrachtung, dagegen erwähnt sie ausführlich des, sowohl in
der zweiten Kammer der Landstände, als außerhalb der Kammer
unter der Geistlichkeit vielfach geäußerten Verlangens nach einer
Diöcesan- und Provinzialsynode. Wie sie richtig bemerkt, wurden
sie in verschiedenem Sinne und zu verschiedenen Zwecken begehrt. In
der zweiten Kammer ließ sich der Wunsch, daß aus Geistlichen und
Laien gebildete Synoden berufen werden möchten, seit 1831 auf
jedem Landtage vernehmen. Daß auch unter der Geistlichkeit des Landes
die Ansichten über die Zusammensetzung der Synoden getheilt waren,
zeigten die theils von Geistlichen und Laien, theils ausschließlich

von Geistlichen, der Kammer und verschiedene (ausschließlich) von Landgeistlichen dem Erzbischofe überreichten Petitionen.

Daß der Grund eines Theils der Petitionen, besonders jener, welche gemischte Synoden verlangten, in dem Bestreben nach wesentlichen kirchlichen Reformen, namentlich nach Aufhebung des Priestercölibats, lag, darf man der Beschwerdeschrift glauben.

Wenn sie aber in andern Eingaben, welche nicht von Neuerungssüchtigen herrührten, ein Zeugniß des gedrückten Zustandes der katholischen Kirche in Baden findet, so darf man ihr nicht glauben. Sprechen sie auch, wie sie erzählt, von den der Kirche nachtheiligen Folgen der Zehntablösung, so kann man gar wohl mit einzelnen Bestimmungen des Zehntgesetzes und mit manchen Maaßnahmen zum Vollzuge, wie auch wir es nicht sind, nicht ganz einverstanden sein, ohne in diesem, von der ganzen katholischen und protestantischen Bevölkerung des Landes sehnlichst gewünschten Gesetze einen gegen die katholische Kirche verübten Druck zu erblicken. Die katholische Kirche wird von dem Gesetze, wie auch gewiß bei dem Vollzuge desselben von der Hofdomänenkammer, nicht anders wie die protestantische Kirche, und im gleichen Falle, wie jeder Zehntbezieher behandelt, und keinem Theile fehlt der Schutz der Gerichte.

Eben so wenig liegt ein solches Zeugniß, wie die Beschwerdeschrift meint, in der Klage einiger Geistlichen über rücksichtslose Behandlung, die sie von weltlichen Beamten erfahren haben. Wir könnten darin, in so ferne die Behauptung sich auf wirkliche Thatsachen stützen sollte, nur ein Zeugniß finden, daß einzelne Geistliche eine Behandlung geduldig ertragen, die sie sich nicht gefallen zu lassen brauchen. Die Regierung weiß zu gut, in welchem Maaße das geistige, sittliche und daher auch materielle Wohl der Gemeinden von dem Einfluß des Pfarrers auf seine Gemeinde, und wie sehr die heilsame Wirksamkeit dieses Einflusses von dem Ansehen und der unverletzten persönlichen Würde des Geistlichen abhängt, sie weiß dieß zu gut, um nicht mit aller Strenge darauf zu halten, daß die weltlichen Beamten in ihrem Geschäftsverkehre mit den Kirchenbeamten alle der Würde des geistlichen Standes schuldige Rücksichten beobachten, und alles vermeiden, was das Ansehen des Geistlichen in der Gemeinde, in welcher er seinen hohen Beruf zu erfüllen hat, untergraben könnte. Dieß wissen auch die Beamten, und wenn je

ein Geistlicher sich über ungebührliche Behandlung zu beklagen hat,
so wird seine Klage bei der Regierung gerechtes Gehör finden.

Alle erklärten und alle geheimen Absichten, welche den häu-
figen Bitten um Abhaltung einer Synode zu Grunde lagen, wollen
wir übrigens nicht ermitteln. Daß sie zu verschiedenen einander
ganz entgegengesetzten Zwecken begehrt wurden, ist so wenig zweifelhaft, als daß über ihre Zusammensetzung, über ihre Wirksamkeit,
über ihr Verhältniß zum Erzbischof, zum Pabste und zur Staatsgewalt die mannigfaltigsten Ansichten obwalten. Alles dies würde
sich erst ganz klar herausstellen, wenn man zur Abhaltung von Sy-
neden wirklich einmal schreiten wollte. Nach den ältern Satzungen
der Kirche sollte jährlich zweimal, nach spätern wenigstens alle 3 Jahre
eine Provinzialsynode und ebenso vom Bischof jährlich ein- oder
zweimal eine Diöcesansynode gehalten werden. Aber diese Vorschriften wurden in Deutschland nicht beachtet, und es fehlt daher für
manche Fragen, die sich aufwerfen könnten, an frühern Vorgängen.
Daß die Synoden der badischen, evangelisch protestantischen Kirche
in den wesentlichsten Beziehungen in keiner Weise ein Vorbild sein
können, wie die Beschwerdeschrift bemerkt, versteht sich von selbst;
der Grund liegt aber nicht, wie diese meint, in einem wesentlich verschiedenen Verhältnisse der beiden Kirchen zum Staate,*) sondern in
der ganz verschiedenen Verfassung der beiden Kirchen. Obwohl die
Regierungen der zur oberrheinischen Provinz gehörigen Länder Pro-
vinzial- und Diöcesansynoden, nach ihrer Vereinbarung vom Jahre
1822, in bestimmten Zeitperioden und in der Verordnung vom 30. Januar 1830 ohne Zeitbestimmung in Aussicht stellten, so haben sie
den Erzbischof und die übrigen Landesbischöfe in dieser Hinsicht in
keiner Weise bedrängt. Wenn der Herr Erzbischof aber die, bei
der letzten ihm im Jahre 1839 zugekommenen Bittschrift betheiligten
Landkapitel Lahr und Offenburg in seiner Antwort vom 21. Februar
1840 auf ein allgemeines deutsches Nationalconcilium tröstend verwies, so hat er damit die Versammlung einer Synode in eine unabsehbare Entfernung gestellt, ganz davon abgesehen, daß für die

---

*) Man muß bei Beurtheilung dieses Verhältnisses in Staaten, deren Re-
genten der evangelisch-protestantischen Confession angehören, nur ihre
doppelte Eigenschaft ihrer Kirche gegenüber unterscheiden.

Abhaltung eines Nationalconciliums im eigentlichen Sinne
es an jener politischen Einheit fehlt, die zum Begriffe eines Reiches gehört.

Schwerlich dürften in der That die, von den Petitionären verlangten Synoden sich als das rechte Mittel zur Versöhnung der
Parteien oder zur radicalen Unterdrückung des Parteiwesens überhaupt erweisen, sondern weit eher, je nach ihrer Zusammensetzung,
in ihrem eigenen Schooße, wie auswärts, und — welche entschiedene
Richtung sie auch nehmen würden, jedenfalls außerhalb der Versammlung den Kampf der Meinungen in erhöhter Aufregung zeigen.

Jene Versöhnung des gesundern Theiles der Parteien und die
Beruhigung der, durch sie mehr oder weniger Aufgeregten, darf man
weit sicherer von dem harmonischen, vertrauensvollen Zusammenwirken der Staats= und der Kirchenbehörden und von der Gerechtigkeit erwarten, welche nach jeder Seite hin ungebührliche Bestrebungen und Zudringlichkeiten mit gleicher Strenge zurückweist.

Jeder Conflict zwischen dem Staat und der Kirche, welcher zu
Markte getragen und öffentlich verhandelt wird, gießt aber der einen
und der andern Partei neue Nahrung und beunruhigt jene, die,
wenn nicht ihre Bestrebungen, doch ihre Befürchtungen theilen. Im
Ganzen und Großen kann man in der That nur von zwei einander
entgegen gesetzten Hauptrichtungen, von zwei einander gegenüber-
stehenden Parteien sprechen, die in der mannigfaltigen Nüancirung
der Meinungen sich nach einer Seite hin in einander verlieren,
und nach der andern Seite sich immer weiter von einander ent=
fernen, und nur in ihren äußersten Tendenzen, wie in der Regel
alle Extreme, sich in einzelnen Puncten wieder berühren, nämlich
in ihren Anstrengungen zum Umsturz der bestehenden Ordnung. Dahin führt nämlich nicht nur ein unbesonnenes Fortschrei-
ten, eine wilde ungezügelte Reformsucht, sondern auf ganz gleiche
Weise auch eine leidenschaftliche Reaction und ein der Staats=
gewalt feindseliges Streben, die Rückkehr zu längst auf die Seite
gelegten Grundsätzen und Einrichtungen zu erzwingen. *)

---

*) Richten wir unsern Blick nach Außen, auf den Schauplatz tiefer gehen-
der Bewegungen, so hören wir die äußersten Reihen der Reformpartei,
häufig des gänzlichen Unglaubens, feindseliger Gesinnungen gegen die
Kirche und einer engen Verbindung mit dem politischen Radicalismus

Wie sich unter beiden Parteien gar Manche finden, welche, obwohl sie einen falschen Weg gehen, dennoch in ganz gutem Glauben sind, eben so werden von beiden Seiten in die Bewegung gar Viele nur durch übertriebene Besorgnisse des Erfolgs der Bestrebungen des einen oder andern Theiles hereingezogen. Diese bei weitem zahlreichsten Klassen, welche sich hier der Befürchtung einer fortschreitenden Zerrüttung des religiösen Lebens, dort der Rückkehr mittelalterlicher Finsterniß und des Druckes einer übermächtigen Kirche hingeben, mögen sich vollkommen beruhigen.

Der mittelalterliche Zustand kommt nicht wieder. Die Kirche, der man sehr Unrecht thun würde, sie in einer kleinen Anzahl überspannter Köpfe auch nur zu einem namhaften Theile für repräsentirt zu halten, denkt nicht daran, die Macht, die sie so lange besaß, als alte höhere Bildung und Wissenschaft sich in ihr concentrirte, wieder zu gewinnen. Daß sie sich wieder fester begründen will, um ihre innere Seite kräftiger auszubilden, darin hat sie ganz Recht, und muß die Regierung sie aufs kräftigste unterstützen; denn die Ereignisse der Zeit haben allerdings nachtheilig auf das kirchliche Leben eingewirkt, und das Bedürfniß einer sorgsamen Pflege des religiösen Elements im Volke wird allerwärts anerkannt. Unter Jenen aber, welche sich in furchtbaren Uebertreibungen und in reactionärem Bestreben gegen die, in Vergleichung mit frühern Zuständen erweiterten Rechte des Staates hervorthun, findet man nicht Wenige, welche gerne den kirchlichen Einfluß als Mittel für ganz andere als religiöse Zwecke benutzen möchten, in einem Irrthume über vermeintliche Causalverbindungen befangen, der sie erwarten läßt, daß Alles, was gleichzeitig verschwunden ist oder geschwächt werden, so ferne nur das Eine wieder gewonnen werde, mehr oder weniger vollständig allmählig wieder zurückkehre.

Jenen hohen Zweck kann aber die Kirche nur, wir wiederholen es, durch regen thätigen Eifer im Anbau ihres innern Gebietes, und insbesondere durch strenge Aufsicht auf das Verhalten der Geist-

---

ebenso beschuldigen, wie nicht weniger häufig die Vorfechter der andern Partei mit dem Vorwurf des Fanatismus, im übrigen aber gleicher oder ähnlicher revolutionärer politischer Bestrebungen belassen, und in der That soll es schon geschehen sein, daß sich solche kirchliche Gegner in vertrauten radicalen Kreisen mit wechselseitiger Verwunderung begegneten.

lichen erreichen. Nur dies verlangen auch die katholischen Kirchengemeinden. Sie wollen nicht, daß man die Lehren und Grundsätze
wieder heraufbeschwöre, welche ein wohlbegründetes Herkommen und
längst bestehende Einrichtungen in Frage stellen und die, wenn sie
von der Kirche selbst mit Nachdruck geltend gemacht werden wollten,
das gegenwärtige freundliche Verhältniß zwischen ihr und dem Staat
in ein höchst mißliches verkehren und den Frieden alter Länder be-
drohen würden, wo beide Religionstheile auf ähnliche Weise, wie in
der oberrheinischen Provinz, neben einander wohnen. Sie wünschen
viel mehr, daß alle Parteibestrebungen an der Festigkeit der Regierung
und an der Weisheit und der von dem wohlverstandenen eigenen Interesse geleiteten Klugheit der Kirchenobrigkeiten scheitern möchten."*)

Wie in einem ihrer doppelten Stellung zur Regierung und
zum Kirchenoberhaupte entsprechenden klugen Benehmen der Bischöfe
eine vorzügliche Bürgschaft für die Erhaltung des Friedens zwischen
Kirche und Staat liege, haben wir bereits in einem frühern Abschnitte
angedeutet. Soll aber der Klugheit des Bischofs die glückliche Lösung seiner Aufgabe gelingen, so darf er mit Recht erwarten, daß
die seiner Obhut anvertrauten Gläubigen sich jeder unbefugten Einmischung in seine Verhältnisse zur Regierung und zum Oberhaupte
der Kirche, so wie aller Umtriebe und unbescheidenen Kritiken, die
ihm seine Wirksamkeit und Stellung nach der einen oder andern

---

*) Wenn aber — was im Ernste zu unterstellen, gar nicht erlaubt wäre —
jener den Regierungen feindseligen Partei es auch gelänge, einen überwie-
genden Einfluß zu gewinnen, die Kirchenbehörden selbst in die gleiche Richtung hinzutreiben und unglückselige Zerwürfnisse herbeizuführen, so wäre
so lange keine Gefahr, als der Staat nur auf seinem guten Rechte be-
harrt, ein unfreundliches Benehmen nicht mit ungerechtem Druck er-
wiedert, sondern ungebührlichen Anforderungen nur keine beharrliche
entschiedene Weigerung und einem beharrlichen Widerstreben noch be-
harrlichere Geduld und Festigkeit entgegensetzt. Denn nur durch wirklichen Druck oder durch unbedachtsame Begünstigungen und Ausdehnung
ihrer Rechte, wird die Kirche dem Staate gegenüber eine wirkliche Macht,
die ihm nach den Umständen auch einen unbilligen Vergleich abdringt.
Setzt er sich nicht selbst in solche ungünstige Lage, so wird er in keiner
ruhigen festen Haltung nicht lange zu warten haben, bis sie selbst die
Nothwendigkeit billiger Ausgleichung fühlt und sie das Bedürfniß seines kräftigen Schutzes in keine wohlwollende Arme mit erneuertem Vertrauen zurückführt.

Seite hin erschweren, sich gänzlich enthalten. Thun sie es nicht, und wagen sie sogar, ihn persönlich zu drängen, bald die Regierung, bald den Pabst in ihren Forderungen leidenschaftlich überbietend, so liegt es in seiner Hand, solche Zudringlichkeit gebührend zurückzuweisen und zu ahnden. Auch von der römischen Curie darf er vertrauensvoll erwarten, daß sie unberufene Correspondenten, welche Unwahrheiten berichten, Thatsachen entstellen oder gehässig deuten, und minder Erhebliches übertreiben, um ihm und der Regierung Unannehmlichkeiten zu erregen, oder einzelne Geistliche, die sich ihrer excentrischen Richtung nicht hingeben, anzuschwärzen, gebührend abfertige. Eben so gebietet den Regierungen ihr eigenes Interesse, mit gleicher Vorsicht alle Parteien von sich abzuhalten, keine zu begünstigen und soweit sie bei entstehenden Mißhelligkeiten einzuwirken haben, nach jeder Seite hin gleiche Mäßigung, und, wo es nöthig ist, gleiche Strenge zu beobachten, und die Stellung des Erzbischofs in jeder Beziehung frei zu halten.

Ob die „Union gegen Eingriffe in Catholica," welche nach Gerüchten, die vor einigen Jahren umliefen, sich bilden wollte, wirklich im Stillen bestehe, wissen wir nicht. Daß aber die reactionäre Partei, wenn sie auch keinen förmlichen Verein bildet, und ihre Verbindung mit Gleichgesinnten im Auslande nicht weniger, wie die andere Partei der sorgfältigsten Ueberwachung bedürfe, lehrt die vorliegende Beschwerdeschrift, die zwar nicht direct Auflehnung gegen die Regierung predigt, aber durch ihre Darstellung ganz dazu gemacht ist, die feindseligsten Gesinnungen gegen sie, und eine der bürgerlichen Ordnung und Ruhe gefährliche Stimmung hervorzubringen. Würde der Geist, der aus ihr athmet, sich in der Kirche verbreiten, würde sie einen fühlbaren Einfluß in ihr gewinnen, so könnte es an dem schärfern Hervortreten und der Ausbreitung der andern Partei nicht fehlen, und zuletzt ein Zustand in der Kirche selbst eintreten, den zu heilen, dem gemeinschaftlichen Streben der Staats- und Kirchenbehörden schwer fallen möchte.

## 3.

## Beschwerden der Katholiken.

Indem die vorliegende Schrift unter diesem Abschnitte, was sie als Hauptbeschwerden betrachtet, zusammenstellt, verweist sie auf die, in den früheren Abschnitten enthaltene Begründung, fügt nur einige Bemerkungen, die dort keine Stelle finden konnten, bei, und läßt die unabsehbare Reihe der übrigen, nicht gleich erheblichen, bereits erörterten Beschwerden bei Seite liegen. Wir beschränken uns, da wir Alles, was über ihre Klagen zu sagen war, bereits am gehörigen Orte gesagt haben, auf die bloße Angabe der Hauptbeschwerden, und auf eine kurze Erwiederung auf die hier vorgebrachten neuen Behauptungen.

I. In Hinsicht auf ihre Bedürfnisse haben die Katholiken, wie die vorliegende Schrift meint, folgende Beschwerden aufzustellen.

„1. Die Gründung katholischer Pfarreien und Kirchen in vorher protestantischen Orten wird erschwert, die gleiche Gründung für Protestanten in katholischen Orten erleichtert."

„2. Der Staat thut beinahe nichts für die wachsenden Bedürfnisse der Landpfarreien."

„3. Das katholische Stiftungswesen hat nicht die gehörige Sicherheit seines Bestandes und seiner Verwendung."

Wir erwidern, daß beide Kirchen nach ganz gleichen Grundsätzen behandelt werden. Die Protestanten haben allmählig seit 1803 Pfarrrechte erhalten in Constanz, Freiburg, Rastadt, Bruchsal und Baden, die Katholiken in Carlsruhe, Durlach, Pforzheim und Wertheim. Die Regierung war vorzugsweise schuldig, in denjenigen ungemischten Städten, in welchen Garnisonen und Provinzialbehörden sich befanden, und sich ohnedieß in Folge des freien Einzugs eine größere Anzahl von Angehörigen des andern Confessionstheils gesammelt hatten, für die Errichtung von Pfarreien der anderen Kirche zu sorgen, und zwar, wo es dieser an eigenen Mitteln fehlte, nöthigenfalls aus Staatsmitteln. Dieß war geboten, um nicht gehindert zu seyn, gemischte Collegien zu bilden, und um eine natürliche Verbindlichkeit gegen Diejenigen zu erfüllen, die im Interesse des öffentlichen Dienstes genöthigt waren, ihren Wohnsitz in solchen Städten zu nehmen.

Hienach erhielten in Bruchsal die Protestanten eine Pfarrei, als dort noch das Oberhofgericht seinen Sitz hatte, in Durlach die

Katholiken, als sich daselbst eine gemischte Garnison und das Kreis-
directorium befand. Beide mußten behalten, was ihnen bewilligt
war, und was ohne Zweifel mit der Zeit auch jenen Städten geworden wäre, welche wie Lörrach und Villingen, Wertheim und Offenburg Provinzcollegien hatten, seither aber verloren haben.

Ganz eigenthümliche Verhältnisse haben die Errichtung der
Pfarrei Mühlhausen herbeigeführt, welche lediglich aus Collecten
und aus der Uebertragung einer kleinen Naturalrente von der ehemaligen reformirten Pfarrbesoldung zu Carlsruhe dotirt wurde.
Hierin findet die Beschwerdeschrift einen Beweis der schnellen Sorgfalt der Regierung. Den Katholiken wurden dagegen in Pforzheim
Pfarrrechte verliehen, mit einem Simultaneum, das leicht begreiflich
den Protestanten in Mühlhausen nicht gewährt werden konnte.

Haben die Protestanten in einer früher ungemischten Stadt,
in der keine Collegien sich befinden, nehmlich in Baden, eine Pfarrei erhalten, so wurden den Katholiken in Wertheim, das wie Pforzheim und Baden keine Collegien hat, eine solche, mit einer gleichen
Dotation wie sie die protestantische Pfarrei Baden besitzt, zu Theil.

Wie kann nun von Zurücksetzung der Katholiken die Rede
seyn? Uebrigens wird die Bildung neuer Pfarreien keinem der beiden Religionstheile im mindesten erschwert.

Müssen sich die Katholiken in Pforzheim mit einem Simulta-
nenm begnügen, so waren die Protestanten in Baden im nehmlichen
Falle, blieben aber dieser duldsamen katholischen Kirchengemeinde für
die erwiesene Gunst, die sie selbst den Fremden, welche der engli-
schen Kirche angehören freundlich gewährt, sehr dankbar.

Hat die Regierung den Katholiken in Durlach, um der Kirche
die Kosten eines Neubaues zu ersparen, im Schloße ein anständiges disponibles Local überlassen und die Pfarrei fast ausschließlich
aus Staatsmitteln dotirt, so verdient sie hier wenigstens keinen
Tadel, wenn sie auch auf keinen Dank von Seiten des Beschwerdeführers Anspruch machen sollte.

Es ist wahr, der Staat hat die protestantische Kirche in Carlsruhe gebaut, allein er mußte sie bauen, wie er auch ein neues
Schulhaus, ohnerachtet seiner Weigerung, vermöge richterlichen Spru-
ches bauen mußte, weil ihm die Baupflicht privatrechtlich oblag.
Ueberdies hat er zu jenem Bau das eigene Vermögen der protestantischen Kirche, wie wir sogleich sehen werden, verwendet. Ist er je

in einem der vielen katholischen Orte, wo er gleiche Verbindlichkeit hat, ihr nicht nachgekommen? Warum hält man der Regierung vor, daß sie einer protestantischen Gemeinde gegenüber eine Pflicht erfüllt habe, der sie noch überall den berechtigten katholischen Gemeinden gegenüber gewissenhaft Genüge leistete?

Der Beschwerdeführer, ohne Zweifel von der Ansicht ausgehend, daß kleine Züge oft den wahren Character handelnder Personen am besten erkennen lassen, geht in ein kleinliches Detail ein, indem er bemerkt, daß die Carlsruher protestantische Kirche mit den Glocken aus dem Kloster St. Blasien beschenkt worden sey, daß er ihr zwar diese Schenkung nicht mißgönne, aber zu wünschen wäre, daß man die Bedürfnisse der Katholiken auf ähnliche Weise berücksichtige. Die Beschwerdeschrift ist hier nicht glücklicher als da, wo sie nur in großen Umrissen zeichnet. Die Regierung hat mit jenen Glocken, die ihr freies Eigenthum geworden waren, worüber sie nach Belieben verfügen konnte, der protestantischen Gemeinde kein Geschenk gemacht, oder irgend eine Gunst erwiesen, denn der Fiscus war zur vollständigen Ausstattung der Kirche verpflichtet und ersparte nur sich eine Ausgabe. Wir würden, ohnerachtet die Regierung eine solche Rechtsverbindlichkeit der katholischen Gemeinde gegenüber nicht hatte, gleichwohl in unsern natürlichen Gefühlen uns verletzt finden, wenn sie dieselbe nicht mit ähnlichen oder andern, als freies Eigenthum ihr angefallenen, zur Ausstattung ihrer Kirche dienlichen Gegenständen beschenkt hätte. Dieß hat die Regierung aber gethan, indem sie ihr nicht nur ein ähnliches Glockengeläute, sondern auch die beste der angefallenen Orgeln und eine sehr ansehnliche Ausstattung an Paramenten und kirchlichem Gold= und Silberwerk verlieh, anderer Begabungen, wie des Bauplatzes, nicht zu gedenken.

Daß der Bau der evangelischen Kirche sehr kostbar war, mehre hunderttausend Gulden verschlang, ist nicht zu leugnen. Aber wer trägt den Schaden? Nur die protestantischen Kirchengemeinden der Baden=Durlachischen Lande; denn die Baukosten dieser Kirche, deren beträchtlicherer Theil nicht zur Befriedigung des kirchlichen Bedürfnisses der evangelischen Stadtgemeinde, sondern zur Verschönerung der Residenz gemacht wurde, diente dem Finanzministerium als Grund, die von jenem protestantischen Landestheile erhobenen Rechtsansprüche zurückzuweisen, von denen sogleich die Rede seyn wird.

In der That wurden daher die Baukosten nicht vom Staate, sondern von der Kirche selbst bestritten.

Die protestantische Kirche zu Freiburg war der Fiscus nicht verbunden zu bauen, aber er war auch nicht verbunden, die katholischen Kirchen zu Wertheim und Heinsheim zu bauen, für welche ebenfalls, in einer Zeit größerer finanzieller Prosperität, Staatsmittel verwilligt wurden. Wenn der Aufwand zu Freiburg ungleich bedeutender war, so ist es bekannt, daß dieser Aufwand herbei geführt wurde durch die Sorge für die Erhaltung eines der schönsten Baudenkmale des byzantinischen Stils, nehmlich durch die Versetzung der Tennenbacher Kirche in eine volkreiche Stadt. Solche die Regierung ehrende Rücksichten auf die Kunst kann man auch bei dem Baue neuer katholischer Kirchen nachweisen. Wir haben hievon in der Nähe der Residenz ein Beispiel in der auf einem freien erhöhten Raume meisterhaft ausgeführten Kirche zu Bulach, welche der ganzen Gegend zur Zierde gereicht. Doch wir besorgen fast, hier eine neue Hauptbeschwerde zu erregen, denn diese Kirche, die schönste der Dorfkirchen des Landes, erhielt ja, gegen den alten Gebrauch, mit zwei Thürmen die Form einer Stiftskirche.

Wenn der Beschwerdeführer klagt, daß Kehl nur eine ärmliche katholische Kirche besitze, nun so besuche er das Local, das dort die protestantische Gemeinde benützt, und er wird sich mit uns in dem Wunsche vereinigen, daß beide Theile über die vorgeschlagene Herstellung einer Simultankirche sich recht bald verständigen möchten.

Ueber die in der Beschwerdeschrift aufgestellte specielle Uebersicht von den Städten und über die summarische von den Landorten, in welchen das Bedürfniß neuer Pfarreien vorhanden sein soll, haben wir nichts zu sagen *), da sie nur dazu dienen sollte, zu zeigen, daß

---

*) Wir finden unter den aufgeführten Städten keine, die ein Provinzial-Collegium hat, aber Angaben, die auffallend sind. So giebt die Beschwerdeschrift die katholische Bevölkerung von der, zur Zeit noch im gesetzlichen Sinne ungemischten Stadt Lörrach zu 366 Einwohnern und von Schopfheim zu 310 (nach dem Staatshandbuch v. 1841 223 E. für 1839) Einw. an. In dem Staatshandbuch von 1838 war jene für 1836 zu 160 Einwohner und diese zu 149 Einw. gerechnet worden; beide katholische Bevölkerungen hätten sich also m 3 Jahren fast verdoppelt. wenn nicht die eine oder andere Zahl unrichtig ist. Nach einem ohngefähren Ueberblick scheint übrigens die Zahl der Katholiken m den kleinern ungemischten protestantischen Städten des Landes im Allgemeinen allerdings sich in einem etwas stärkern Verhältnisse, als die Zahl der Protestanten m den katholischen kleinern Städten zu vermehren.

der Staat eine Pflicht nicht erfülle, die er nach unserer Ansicht gar nicht hat. Es ist nehmlich bereits im Abschnitt 2 der ersten Abtheilung von uns dargethan worden, wie irrig die, von der Beschwerdeschrift hier wiederholte Behauptung sey, daß die Regierung in §. 4. des Religionsedicts die Pflicht übernommen habe, für neu entstehende Bedürfnisse der Katholiken Mittel zu gewähren. Aehnliche Uebersichten, wie die bezeichneten, ließen sich wohl auch für die protestantische Kirche aufstellen. Beide Confessionstheile haben aber für ihre neuentstehenden Bedürfnisse selbst zu sorgen, und dieser Grundsatz gereicht nicht der protestantischen, sondern der katholischen Bevölkerung zum Vortheil, da das katholische Kirchenvermögen verhältnißmäßig bekanntlich weit bedeutender ist, und der Staat daher von der protestantischen Kirche weit häufiger in Anspruch genommen werden müßte.

Wie wahr dieß sey, geht klar daraus hervor, daß, ohnerachtet die protestantische Bevölkerung in gleichem Verhältnisse wie die katholische wächst, außer den Klosterpfarreien und einer großen Anzahl zu Pfarreien erhobener Kaplaneien, gegen 30 andere neue katholische Pfarreien, dagegen, außer einer kleinen Anzahl zu Pfarreien erhobener und aus Pfründvermögen dotirter Filialen, nur fünf neue protestantische Stadt= und zwei neue Dorfpfarreien gegründet werden konnten.

Erscheinen unter allen diesen Umständen die aufgestellten Beschwerden nicht in dem gehäßigsten Lichte?

Um neu entstehende Bedürfnisse zu befriedigen, wurde für die katholische Landeskirche ein allgemeiner Fonds aus Stiftungsmitteln, die hiezu verfügbar waren, gebildet *), aus welchem bisher einer Reihe von Gemeinden für kirchliche Zwecke Unterstützungen bewilligt wurden. Dieser Fonds wird auch dem Vernehmen nach die Mittel gewähren, zur Errichtung einer zweiten Pfarrei zu Mannheim, deren Verzögerung die Beschwerdeschrift beklagt, und welche allerdings durch die Aufhebung des dortigen Kapuzinerklosters nothwendig geworden ist **).

---

*) Der Fonds steht unter der unmittelbaren, musterhaften Verwaltung der katholischen Kirchensection, wo sie hauptsächlich den Händen des, um das katholische Stiftungswesen überhaupt sehr verdienten Ministerialraths Kinberger anvertraut ist.

**) Das Vermögen dieses aufgehobenen Klosters, welches vollständig oder

Daß die Protestanten ebenfalls einen allgemeinen Kirchenfonds bilden, ist ein Gebot der Nothwendigkeit, das ohne Zweifel auf der nächsten Synode nicht überhört werden wird, damit nicht Verlegenheiten entstehen, wie sie die evangelische Gemeinde zu Constanz empfunden hat, als ihr der Gehalt eines Organisten verweigert wurde, und es nahe daran war, daß sie den Gottesdienst nicht in gebotener Weise feiern konnte.

Die Beschwerdeschrift vergleicht die budgetmäßigen Verwilligungen für beide Culte unter einer speciellen Rubrik und findet eine Ungleichheit.

Sie verschwindet, wenn man die Dotation des Erzbisthums mit einrechnet. Man wird dagegen einwenden, daß diese Dotation auf einem Rechtstitel beruhe. Wir entgegnen, daß hier und dort Bewilligungen, die auf Rechtstiteln beruhen und andere, wodurch fast durchgängig nur der dringendsten Noth gesteuert wurde, vermischt sind, und man beide einander vollkommen gleichsetzen darf *).

Aber es ist in dieser Beziehung noch zu erinnern, wie nicht von der katholischen Kirche, wohl aber von der protestantischen bekannt ist, daß sie Rechtsansprüche erheben, welche von der Finanzverwaltung beharrlich zurückgewiesen werden, und in deren Erwägung bis jetzt nur einige ganz unbedeutende Concessionen gemacht wurden, die ihren Platz im Budget fanden. Wir wollen, ob jene Ansprüche mit Recht oder ohne zureichenden Grund unbefriedigt blieben, nicht untersuchen; der Richter wird zuletzt darüber zu entscheiden haben. Nicht unbemerkt können wir aber lassen, daß es sich von dem Vermögen der altbadischen protestantischen Kirche handelt, das nie ein Bestandtheil der Domainen war oder wurde, sondern die unbestrittene Eigenschaft eines Kirchenguts oder Dotation der Kirche in ganz gleicher Weise, wie der breisgauische oder der pfäl-

---

nahe zur Dotation einer zweiten Pfarrei hingereicht hätte, ist dem Heidelberger Klosterfonds (pfälzischen katholischen Religionsfonds) zugefallen.

*) Man macht sich häufig eine ganz übertriebene Vorstellung von dem Reichthum der ehemaligen Stifter und Klöster. Rechnet man die Dotation des Erzbisthums, der Klosterpfarreien und die übrigen Lasten ihres Domanialvermögens nach ihrem Kapitalwerthe ab, so wird man finden, daß in den protestantischen Landestheilen verhältnißmäßig em weit größeren Domanialfonds vorhanden war, als in den katholischen, zu welchen der größere Theil der Standes- und grundherrlichen Besitzungen gehört.

zische Religionsfonds hatte und behielt, und vom Staate nur zur Verwaltung unter der Bedingung übernommen wurde, daß es seinem Zwecke gewidmet bleibe, um daraus auch neue Bedürfnisse, so weit es reicht, zu bestreiten. Alles dieß ist anerkannt, nur wird von der einen Seite behauptet, es sei bereits aufgezehrt, hauptsächlich durch den kostbaren Bau der protestantischen Kirche zu Carlsruhe, während der andere Theil dies läugnet, nnd sich wohl auch jenen ganzen Bauaufwand nicht wird aufrechnen lassen wetten. Wir lassen, wie gesagt, den Werth dieser Ansprüche auf sich beruhen und wetten der Beschwerdeschrift, wenn sie hier wiederholt klagt, daß das katholische Stiftungsvermögen nicht die gehörige Sicherheit für seinen Bestand und seine Verwendung habe, nur erwidern, daß diese Sicherheit in der gänzlich abgesonderten Verwaltung dieses Vermögens durch eine eigens hierzu aufgestellte, aus Katholiken gebildete Behörde und in der Garantie der Verfassung liege.

Billigen müssen wir den Wunsch, den die Beschwerdeschrift ausspricht, daß periodische kurze Uebersichten über den Stand des Stiftungsvermögens beider Confessionstheile veröffentlicht werden möchten.

Als gehässig müssen wir aber die Bemerkung bezeichnen, man dürfe sich nicht wundern, daß neulich in Freiburg der Versuch gemacht werden sey, katholische Stiftungen den Protestanten zuzuwenden. Aus den öffentlichen Blättern hat man bereits erfahren, daß dieser Versuch lediglich in einem, von einem Protestanten erhobenen Anspruch auf eine Familienstiftung bestand. Wir vermögen über den einzelnen Fall, welcher zu jener Bemerkung Veranlassung gab, da wir von den Thatsachen nicht hinlänglich unterrichtet sind, kein Urtheil zu fällen *). Aber kein Zweifel ist, daß hier ganz

---

*) Den allgemeinen Grundsatz, daß die Familienrechte von der Religionseigenschaft nicht abhängig sind oder durch einen Confessionswechsel nicht verloren gehen, wird kein Rechtsgelehrter bestreiten. Mag ein Stifter, der zu Gunsten seiner Blutsverwandten eine Verfügung traf, ein noch so eifriger Protestant oder Katholik gewesen seyn, so darf Keiner, der solche Verwandtschaft nachzuweisen vermag, nur deßhalb, weil er einer andern Confession angehört, von dem Genusse seiner Stiftung ausgeschlossen werden, wenn ihn nicht der Buchstabe des Stiftungsbriefes oder die Natur der Sache (z. B. die Beschränkung des Genusses auf den Fall des protestantisch= oder katholisch=theologischen Studiums aus=

in gleicher Weise von einem Versuche, die Rechte des protestantischen Bewerbers zu kränken, als von einem Versuche, das Stiftungsgesetz zu verletzen, so lange nicht die Rede sein kann, bis die competente Behörde das bestrittene Rechtsverhältniß in ein klares verwandelt hat.

II. Unter dem Gesichtspunkte der „Rechte der Katholiken in Hinsicht ihrer Geistlichkeit" werden folgende Hauptbeschwerden aufgestellt:

„1. Die gesetzliche Freiheit der Bischofswahl ist von der Regierung thatsächlich aufgehoben."

„2. Dem Erzbischof sind die innere Kirchenrechte genommen, die er Kraft seines Amtes und der Bullen haben sollte."

„3. Anderntheils zwingt man den Erzbischof, seine Befugnisse zu überschreiten, wenn es seine amtlichen Verhältnisse zum Pabste betrifft."

„4. Das natur- und sachgemäße Verhältniß der Geistlichkeit zu dem Erzbischof, ist durch die Regierung gestört."

Da hier über die Wahl des Erzbischofs, über das landesherrliche Placet, über die päbstlichen Reservationen, über gemischte Ehen, über die Ehen der Katholiken mit geschiedenen Protestanten, über die Strafgewalt u. s. f. nichts gesagt wird, was nicht schon in frühern Abschnitten dieser Widerlegungsschrift hinreichend beleuchtet werden wäre, so haben wir über alle diese summarisch recapitulirten Fragen nichts mehr zu sagen; und wenn nur neue Kraftausdrücke, wie „administrative Rauhhandwerkerei des Beamten" gebraucht werden, so wollen wir uns dabei nicht aufhalten.

Nur die eingeflochtene Bemerkung dürfen wir nicht unberührt lassen, daß der Erzbischof die Vergebung der Kirchenpfründen nicht habe, und man ihn mit einem Almosen abgefunden, indem man ihm einige Präsentationen erlaubt habe. Die Regierung konnte keine Rechtsansprüche anerkennen, welche dem langjährigen, zudem auf gutem Rechte beruhenden Besitzstand zur Zeit der Gründung des Erzbisthums widersprachen.

---

schließt. Im Uebrigen und so weit der präsumtive Wille des Stifters entscheidet, wird man wohl zugeben, daß die Bande der Blutsfreundschaft stärker sind, als die der confessionellen Gemeinschaft.

Wenn sie gleichwohl in freundlicher Gesinnung gegen die Person des Herrn Erzbischofs ihm das Collaturrecht von 24 Pfarreien und damit das Mittel gewährte, durchschnittlich jedes Jahr einen, bisweilen auch zwei jüngere oder ältere Geistliche vorzugsweise zu berücksichtigen, so verdiente sie auch hier weit eher dankbare Anerkennung, als hämischen Vorwurf.

III. In politischer Beziehung will die Klageschrift sich nur auf eine Beschwerde, nehmlich die beschränken, „daß den katholischen Interessen durch die Censur die öffentliche Vertheidigung gegen losgelassene Verunglimpfung und Anfeindung untersagt ist."

Sie fügt aber sogleich noch eine weitere bei, die wir zum Schlusse beleuchten werden.

Das Ministerium hat den Censoren die Weisung ertheilt, jede, den einen oder andern Religionstheil verletzende, oder in irgend einer Weise aufregende oder anstößige Besprechung kirchlicher Angelegenheiten, sey es fremder oder einheimischer, in den öffentlichen Blättern und in allen, nach dem Bundesgesetz der Censur unterliegenden Schriften zu verhindern.

In keinem Lande gab die Presse, so weit sie kirchliche Fragen berührte, weder der einen oder andern Landeskirche, noch nach Aussen hin, weniger Anlaß zu gegründeter Beschwerde, als in Baden. Dafür könnte man selbst eine Bestätigung in dem Umstande finden, daß die Beschwerdeschrift keinen bessern Beleg, als einen Artikel in der 127 Nummer der badischen Zeitung vom laufenden Jahre zu finden vermochte. Dieser Artikel hält die Kirche, wie die Beschwerdeschrift erzählt, nicht für eine wesentliche Bedingung der Erhaltung des Christenthums. Nun dieses Thema wurde schon in dicken Büchern abgehandelt, und es hat sich deshalb kein Ziegel von dem Dache der baufälligsten Kapelle abgelöst. Es ist eine Meinung, wie so viele andere, die man, ohne dem Gesetze zu verfallen, äußern darf, wenn man nur nicht sucht, sie practisch geltend zu machen, nichts zum Umsturz der Kirche unternimmt oder dazu aufreizt. Wenn der Censor, der als rechtgläubiger Katholik, als ein durchaus in jeder Beziehung wohlgesinnter Mann bekannt ist, und sein Amt mit großer Umsicht verwaltet, den Artikel nicht strich, so war er weit davon entfernt, zu der Höhe (wie die Beschwerdeschrift aus seinem Vidit schließt) gekommen zu sein, daß er von der Abschaffung der christlichen Kirchen Heil erwartet. Aber er weiß, daß er als Censor sich über

den confessionellen Standpunct zu erheben und nur die Gesetze des
Staats zu beachten hat, und verstünde er dieß nicht, so wäre er
nicht tauglich zu seinem Amte. Er würde wahrlich sich für seine
ohnehin nicht sehr annehmliche Function bedauten, wenn er Alles zu
verantworten hätte, was er nicht für Staat oder Kirche gefährlich
oder beleidigend oder für aufregend hält und deßhalb nicht streicht.

Hätte der Artikel der badischen Kirchenzeitung welcher jüngsthin in einem ihrer Blätter die Beschwerdeschrift anzeigte, früher erscheinen können, als die Beschwerdeschrift selbst, so würde sie Statt
der Nummer 127 der politischen badischen Zeitung ohne Zweifel
jenen Artikel, als Beispiel einer von der Censur verübten Ungebühr
gewählt haben. Wir lieben gewisse Kraftausdrücke nicht, und billigen die vom Verfasser jenes Artikels gewählte Bezeichnung der
Beschwerdeschrift als ein Satanswerk nicht, aber wahrlich eine
Engelsbotschaft ist sie noch weit weniger.

Der Nachtrag, den die Beschwerdeschrift zu ihren Anklagen
liefert, liegt in folgenden Worten: „Die Anstellung protestantischer
Beamten in ganz katholischen Bezirken, der Vorzug der Protestanten für höhere Aemter und ähnliche Ungleichheiten
wären an und für sich kein Gegenstand katholischer Religionsbe-
schwerden, wenn die Regierung von allen Eingriffen in katholische
Kirchenrechte abstünde, so aber wird die confessionelle Parteilichkeit der Regierung zum politischen Fehler, dessen Folgen
sie selbst am unangenehmsten berühren möchten, und es
ist wenigstens unfing, den §. 9. der Verfassung bei der theoretischen
Gleichheit der Ansprüche bewenden zu lassen und die §. 15. und 17.
des dritten Constitutions Edicts zu vergessen."

Dieß ist eine schwere, sehr schwere Anklage, sie ist um so be-
denklicher, da sie von einer Drehung begleitet erscheint. Diese
Drohung erinnert an die Mahnung, welche die Beschwerdeschrift in
einem frühern Abschnitte, in Beziehung auf das Benehmen der Regierung, ihr unter einer, den wahren Sinn ihrer Rede wenig ver-
schleiernden Hinweisung auf die Gnade Gottes, mit den Worten
ertheilt: „Wer heut zu Tage noch nicht weiß, daß der Gehorsam zuletzt nicht auf der Gewalt, sondern auf dem Willen des Gehorchen-
den beruht und nur Gott die Geister beherrscht und dem Willen zum
Guten Gnade verleiht — der darf sich keiner enthaltenden Grundsätze rühmen."

Dachte man vielleicht, jene Drohung werde zu Carlsruhe eben so, wie es uns von der französischen Note vom 12. Februar 1810 erzählt ward, einen angstvollen Eindruck machen?

Ist es der Beschwerdeschrift nur um die Garantie für die Entscheidung katholischer Fragen zu thun, so kann sie vollkommen beruhigt sein. Die Mitglieder des Staatsministeriums werden stets größtentheils Specialitäten sein, denen das jus canonicum etwas entfernt liegt; eine eigentliche canonistische Specialität wird sich selten unter ihnen finden, von 2 oder 3 in diesem Zweige wohl Unterrichteten, die dem Staatsministerium nie fehlen dürften, werden aber immer einer oder zwei Katholiken sein. Was kann der protestantische Regent nun aber mehr thun, als daß er sich, in katholischen Fragen, des Raths eines ausschließlich aus Katholiken bestehenden sachkundigen Collegiums bedient? Nur selten gelangen, außer den Pfarrbesetzungen, katholische Fragen von einiger Bedeutung im gewöhnlichen Laufe der Geschäfte zum Staatsministerium. Erheben sich wichtige Fragen, so kann der Regent den Director der Section und noch mehre Sachkundige zur Berathung berufen; und dies geschieht auch. So hat man, während der Unterhandlungen mit Rom, selbst einen sachkundigen Landgeistlichen von seiner Pfarrei aus zu den Berathungen gezogen.

In der Bildung des Rathes, womit der Regent seine Person umgibt, muß er frei sein; jede Beschränkung in dieser Hinsicht wäre eitel Blendwerk, da es doch immer lediglich von ihm abhängt, von welchem Einfluß er sich bestimmen lassen will, und dieser überwiegende Einfluß kann unter mehren auch nur einem ein besonderes Vertrauen verleihen. Was natürliche Rücksichten gebieten, daß in seiner persönlichen Umgebung Angehörige weder der einen noch der andern Confession fehlen, dafür ist gesorgt, und wird gewiß stets gesorgt bleiben.

Mit Recht verlangen aber beide Religionstheile, daß diejenigen, welche der Regent in seinen Rath beruft, in welchem allein sein Wille entscheidet, ihren Einfluß nicht zum ungerechten Nachtheil des Einen oder Andern geltend machen.

Für jede der beiden Parteien, je in ihrer Gesammtheit, ist es aber gleichgültig, wer im Anstellungswesen dieses oder jenes Zweiges der Verwaltung jenen Einfluß übt, insofern sie nur einen billigen Antheil an der Gewalt und den ökonomischen Vor-

theilen nehmen, welche Staatsämter verleihen. Außerhalb des Ge=
biets der höchsten Regentenacte ruhen aber, in Beziehung auf die un=
zähligen Berührungen der Staatsbürger unter sich und mit der Obrig=
keit, Macht, und Einfluß in den Händen der Gerichte, so wie der, eben=
falls in collegialischer Verfassung bestehenden Ministerien, sodann in den
administrativen Mittelstellen und in den Bezirks=, Justiz= und Polizei=
behörden. Welch maaßloses Uebelwollen dazu gehörte, um die Regierung
einer Bevorzugung der Protestanten für höhere Staatsämter zu
beschuldigen, ergießt sich aus der Uebersicht, die wir unten in einer
Note beigefügt haben,*) weniger für die einheimischen Leser, welche

---

*) Uebersicht der Zahl der Vorstände und der übrigen Mit=
glieder der Landescollegien.

| | Vorstände. | | Colleg. Mitglieder. | |
|---|---|---|---|---|
| | kath. | prot. | kath. | prot. |
| Ministerium der auswärt. Angele=<br>genheiten. . . . . . . . . . . | 1 | — | 1 | 2 |
| Oberpostdirection . . . . . . . . | | 1 | 3 | 2 |
| Justizministerium . . . . . . . . . | — | 1 | 2 | 2 |
| Oberhofgericht . . . . . . . . . | 2 | 1 | 7 | 5 |
| Hofgerichte . . . . . . . . | 5 | 2 | 34 | 12 |
| Ministerium des Innern. . . . | | 1 | 5 | 2 |
| Forstdirection, Archiv, Sanitätscommis=<br>sion, Oberdirection des Straßenbaues ꝛc.,<br>Kreisregierungen . . . . . . . . | 5 | 3 | 25 | 17 |
| Finanzministerium . . . . . . . | | 1 | 3 | 3 |
| Oberrechnungs= u. Hofdomänen=Kammer,<br>Forstdomänen=, Steuer= und Zolldirection | 3 | 2 | 13 | 17 |
| Kriegsministerium . . . . . . | | 1 | 4 | 3 |

kath., prot.

Es sind von den 78 ersten oder alleinstehenden Be=
zirks=beamten. . . . . . . . . . . . . . . . . . . 57  21
von den 95 zweiten und dritten Beamten . . . . . 72  23
Medizinalreferenden und Bezirksärzten . . . . . . . 64  17

Von sämmtlichen Staatsdienern, welche der Verwaltung des Mi=
nisteriums des Innern angehören, einschließlich der oben nicht gered=
neten Kirchensectionen (zusammen 526) sind 363 Katholiken und 163
Protestanten.

Bei sämmtlichen Gerichtshöfen sind einschließlich der Kanzleibeam=
ten 68 Katholiken und 27 Protestanten angestellt.

Das Staatsdienerpersonal der Finanzadministration, wozu au=
ßer obigem, noch 21 (6 Kath., 15 Prot.) sonstige Beamte der Controlverwal=
tung, das Valleipersonal der Collegien und die Localbeamten kommen,

hierüber keiner Belehrung bedürfen, als für das Ausland, wo hie und da, wie wir wissen, die zuversichtlichen Behauptungen der Beschwerdeschrift, aus gänzlicher Unkenntniß der Thatsachen, einen unverdienten, der öffentlichen Meinung von dem Geiste der Badischen Regierung nachtheiligen Glauben gefunden.

Gab dem Beschwerdeführer der Umstand, daß das Staatsministerium 4 protestantische und nur zwei katholische Mitglieder zählt, Stoff zu Mißtrauen, so übertraf er darin noch die französische Note vom 12. Februar 1810, da damals nur ein Katholik der Ministerialconferenz angehörte. Jenes Mißtrauen mögen aber die in der Note mitgetheilten Zahlen am besten widerlegen.

Hatte er wirklich die Ueberzeugung einer aus confessioneller Verschiedenheit entspringenden Neigung zur Parteilichkeit, oder auch nur von dem herrschenden Glauben daran, so muß man sich wundern, daß er den Vorschlag der durchgängigen Theilung der Stellen (Chambres-mi-parties) von 1810 nicht als eine, unter solcher Voraussetzung, heilsame Bürgschaft des Vertrauens und einer gerechten Verwaltung wiederholte. — Wenn er von der Anstellung protestantischer Beamten in ganz katholischen Bezirken spricht, so hat eine solche nur höchst selten Statt gefunden, wie namentlich für wenige Jahre im Amte Säckingen. Dort hat sich gezeigt, wie wenig der Geist, welchen die Beschwerdeschrift athmet, in unserm verständigen, vorurtheilsfreien Volke herrscht, indem jener Bezirk den längst von dort abgegangenen protestantischen Beamten (welcher seines Namens Gedächtniß unter andern durch 7 während seiner kurzen Verwaltung erbaute neue Schulhäuser zurückgelassen hatte) zu seinem Deputirten erwählte. Ebenso hat in einer Provinz, in welcher 148,000 Protestanten neben 170,000 Katholiken leben, der Umstand, daß ihr Hofgericht längere Zeit unter 2

---

sodann das Personal der Oberrechnungskammer und der Postadministration (Direction, Postmeister und Officialen) besteht aus 203 K. u 207 Pr.

Der Ueberblick aller dieser Zahlen zeigt, daß weder bei den höhern Stellen, noch überhaupt von einer Bevorzugung der Protestanten im Staatsdienst im mindesten die Rede sein kann. Zu den höhern Staatsdienern darf man aber wenigstens alle Mitglieder der Ministerien und des obersten Gerichts, wie die Vorstände der übrigen Landescollegien, und im ausgedehntern Sinn auch die Räthe dieser Collegien und die Vorstände der großen Bezirksämter zählen.

Vorständen, 10 Räthen und Assessoren nur ein protestantisches Mitglied, und einige Zeit keinen einzigen Protestanten zählte, dem unbedingten allgemeinen Vertrauen, dessen es sich, da es durch und durch mit tüchtigen Männern besetzt war, erfreute, keinen Augenblick geschadet. Haben die Protestanten ja auch eine Reihe der letztverflossenen Jahre hindurch ihre kirchlichen Angelegenheiten, so weit sie das Verhältniß zum Staate betreffen, mit vollem Vertrauen und innerer Zustimmung in den Händen eines ausgezeichneten geisteskräftigen katholischen Mitglieds des Ministeriums des Innern liegen sehen.

Wir glauben nun die Aufgabe, die wir uns in der ausführlichen Beleuchtung der Beschwerdeschrift gesetzt, gelöst zu haben.

Mußten wir nach unserer innersten Ueberzeugung die ganze, lauge Reihe ihrer Klagen über Bedrückung und rücksichtslose Behandlung der katholischen Kirche und der Katholiken als gänzlich unbegründet zurückweisen, so sei uns nun noch gestattet, auch von den dringenden, auf die Interessen jener Kirche bezüglichen Bedürfnissen zu sprechen, die wir als wirklich vorhanden betrachten. Wir können sie in zwei Worte fassen: dem Ordinariat gestatte man, einen tüchtigen rechtsgelehrten Canonisten sich zur Hilfe zu nehmen. Er wird ihm insbesondere auch für die Zwecke der kirchlichen disciplinären Gerichtsbarkeit wirksamere Dienste leisten, als eine Erweiterung der erzbischöflichen Strafgewalt. Sodann gebe man der katholischen Kirchensection ein weiteres geistliches Mitglied, da ihre Geschäfte sich bedeutend vermehrt haben durch den Verkehr mit dem Ordinariat, dem auch diese Maßregel, wegen ihres Einflusses auf den Geschäftsgang, sehr erwünscht sein muß.

Aehnliche Vorschläge hätten wir auch zum Besten der andern christlichen Kirche zu machen.

Richten wir aber unsern Blick von diesen engern Verhältnissen hinweg in die weitere christliche Welt, so können wir einen dreifachen Wunsch, der unser Herz bewegt, nicht unterdrücken. Einmal für die katholische Kirche, daß sie, im Frieden mit allen Staaten und ungestört von alten Parteiungen in ihrem eigenen Schooße, die erhabene Idee, auf die sie gegründet ist, in dem Sinne, in welchem ihre edelsten Geister durch alle Jahrhunderte dafür gewirkt und sich hingegeben haben, in dieser vielbewegten Zeit immer schöner entwickeln möge. — Dann aber für die protestantische Kirche, daß das heilige Band, welches alle evangelische Landeskirchen, in der

Uebereinstimmung ihrer wesentlichsten Lehrsätze und in der Gemeinschaft ihres historischen Bodens umschlingt, an Stärke gewinnen, die
Theilnahme einer jeden dieser Landeskirchen an den Schicksalen und
der eigenthümlichen Entwickelung des kirchlichen Lebens aller übrigen
immer inniger und lebendiger werden möge, und sie sammt und
sonders keinen Anlaß versäumen möchten, ihre fortdauernde Schwe-
sterliebe und die Anerkennung ihrer fort und fort bestehenden confessionellen Gemeinschaft zu bekräftigen, wie es jüngsthin von den
beiden größten protestantischen Landeskirchen Europa's in jener Vereinbarung geschah, die in der ganzen evangelischen Kirchengemeinde
mit hoher Freude begrüßt wurde. — Endlich möge zugleich das wechselseitige Verhältniß der beiden allgemeinen Kirchen sich allerwärts immer freundlicher gestalten, vor Allem in unserm, uns so
theuern, großen deutschen und engern badischen Vaterlande, denn
darauf beruht, wie im Ganzen so im Einzelnen, unser Wohlsein
überhaupt, unsere Einigkeit und Stärke auch in politischen Dingen.
Darum haltet fest, Gläubige der protestantischen, Gläubige der katholischen Landeskirche! an dieser Liebe, an diesem Vertrauen, das
Ihr Euch bisher wechselseitig erwiesen, an diesem schönen Frieden
unseres Landes, den bis jetzt kein confessionelles Gezänke, keine kirchliche Eifersucht störte; laßt Euch durch keinen Versuch, diesen Frieden
zu untergraben, irre machen, sondern haltet festverschlungen die brü-
derlichen Hände, die ihr seit dem Verschwinden der letzten Spuren
des Glaubenshasses einander gereicht!

Lightning Source UK Ltd.
Milton Keynes UK
UKHW021930161118
332480UK00007B/150/P